Martin Luther

Den hellige dåb

1535

Martin Luther

Den hellige dåb

1535

Oversat og tilrettelagt
Finn B. Andersen

Oversat og tilrettelagt: Finn B. Andersen

Forlag: Books on Demand GmbH, København, Danmark
Tryk: Books on Demand GmbH, Norderstedt, Tyskland

ISBN 978-87-430-0168-3

Indholdsfortegnelse

Forord 1

Martin Luthers fortale...2

På helligtrekongersdag skal der prædikes om dåben 3

Det er nødvendigt at prædike om dåben..4

Den skæbne Guds Ord og gerning altid har i verden 4

Man må redde den hellige dåbs ære 6

Første del - dåbens væsen 7

Der hører tre dele til dåben 7

Gendøberne anser blot dåben for vand..7

Man river Guds Ord og befaling væk fra det ydre element 9

Ordet og vandet hører sammen i dåben..10

Nogle glemmer befalingen...11

Kan en vantro eller en kætter give en virkelig dåb 13

Guds befaling må ikke skilles fra dåben...13

Guds Ord misbruges af papister og healere 14

Uden Guds befaling er ingen ting et sakramente 15

Vi skal ikke selv vælge hverken genstanden eller ordene.................16

Parallellen til nadveren 18

Almengyldig regel 18

Manglende tro ophæver ikke Guds ordning......................................20

Troen gør ikke dåben gyldig, men bevirker, at vi får nytte af dåben 21

Dåbens herlighed – et Gudfyldt vand 22

Guds Ånd og navn er forbundet med dåben 23

Svar på tiltale 25

Anden del - dåbens nytte...26

Om dåbens hensigt og nytte 26

Kristi dåb viser, hvorfra vores dåb har sin kraft................................27

Den hellige treenighed åbenbarer sig..27

Vor dåb bliver æret ved Kristi dåb, som skete for vor skyld 28

Spotterne forsynder sig groft mod vanddåben 29
Dåben æres ved hele den guddommelige majestæts åbenbarelse . 30
Den guddommelige majestæts er i sandhed til stede ved dåben 31
Dåbens kraftige virkning 32
Dåben bliver æret ved Faderens prædiken over Kristi dåb 34
Gud Faders prædiken er ikke holdt for Kristi skyld, men for vores .. 35
Kristus kaldes Guds Søn i helt bogstavelig forstand 36
Men der er kun én Gud 38
Kristi person 39
Kristus som vor ypperstepræst 41
Vi bliver på det stærkeste forsikret om Guds nåde 43
De, som vil forsone Gud ved gerninger 45
I disse ord er hele evangeliets indhold indbefattet 45
Dåbens kraft består i at den frelser os 46
Papisterne fordunkler dåbens ære 48
Formaning til at gøre forskel på Guds og vores gerning 49

Tredje del – dåbens rette brug **51**
At døbes i tro 51
Den rette dåb kan modtages forkert 52
I læren skal dåben og troen holdes skarpt adskilt 53
Guds ordninger afhænger ikke af vor værdighed 54
Cyprian er far til gendøberne 55
Gendøbernes dåb er usikker 56
I dåben oprettes en evig nådepagt 57
Dåbens etiske konsekvenser for vort liv 57
Synd i læren er værre end synd i livet 58
Dåben forpligter livet 59
At falde i synd og at leve i synd 60
Sand og falsk kristendom 61

Forord

Martin Luthers skrifte Om den hellige Dåb fra 1535 er det sidste skrift, han selv udgav om dåben. Hvor hans tidligere skrifter om emnet ofte er rettet mod en bestemt front, giver Luther her sit mest sammenfattende syn på dåben og forholdet mellem dåb og tro.

Det er en fyldig og klar skildring af det reformatoriske dåbssyn, som trækker linjerne op både over for den pavelige gerningslære og automatik og gendøbernes afvisning af de ydre nådemidlers betydning for troen.

Dåben har både en objektiv side, som står fast uafhængig af både præsten og den døbte, men denne objektive side bliver kun til frelsende gavn, hvor den modtages i troen.

Genfødelse og tro følges ifølge Luther altid ad, så hvor der ingen tro er, er der heller ingen genfødelse.

Bogen er oversat efter originalteksten i Weimar-udgaven: WA 37, 627-672.

Cand.theol.
Finn B. Andersen
lutherdansk.dk

Martin Luthers fortale

Når jeg tænker på, hvor behagelig jeg hidtil har gjort mig for Djævelens skønne og kære brud, som hedder verden, så burde jeg ophøre med min prædiken og skriven. Jeg ville hellere ønske, at mit navn var glemt, eller aldrig tænkt på, end at jeg skulle blive ved med at prædike og skrive mere, og for min egen skyld var det også ganske let gjort.

Men da den smukke brudgom, Satan og hans kære brud, verden, vil være frygtet og opæde min Herre Jesus Kristus, så må jeg anstille mig, som om jeg er bange, og som om min Herre Kristus er død og forrådnet for 1500 år siden. Dog er min frygt ikke til døden og min Herres Kristi død ikke hans liv til skade. Det siges, at mådehold i alle ting er godt, så min Herre Kristus skal ikke være helt død og jeg ikke fuldstændig nedkæmpet. Derfor er jeg også glad for, at dette skrift bliver udgivet til den hellige dåbs ære, som nu i vor tid har så mange fjender. Ja, Djævelen med hans vantro verden raser heftigt imod den.

De nye gendøbere raser endnu stadig med de gamle antikristelige ærke-gendøbere, som har døbt, og endnu døber sig med deres egne geringer. Desuden er de nydelsessyge kommet til, som døber på en speciel måde, som hedder ”intet”. Den kære hellige dåb bliver således hårdt bestormet på alle sider, så vi har rigelig behov for at se os vel for og våge.

Skønt det nok ikke kan ske uden skade, så håber jeg dog, at den fattige Kristus skal beholde marken mod Djævelen og hele hans hob af indflydelsesrige personer, kloge hoveder og råd. Dertil hjælper en alvorlig bøn af enhver, som vil være et tro lem af den foragtede, men herlige konge, der må blive evindelig, at hans doms og hjemsøgelses time tillige med hans rige må komme snart. Ham, som er vor rette evige Gud og Herre, være tak og lov i evighed, tillige med Faderen og Helligånden. Amen.

Matthæus 3, 13-17

Da kommer Jesus fra Galilæa til Johannes ved Jordan for at blive døbt af ham. Men Johannes ville hindre ham i det og sagde: »Jeg trænger til at blive døbt af dig, og du kommer til mig?« Men Jesus svarede ham: »Lad det nu ske! For således bør vi opfylde al retfærdighed.« Så føjede han ham. Men da Jesus var døbt, steg han straks op fra vandet, og se, himlene åbnede sig over ham, og han så Guds ånd dale ned ligesom en due og komme over sig; og der lød en røst fra himlene: »Det er min elskede søn, i ham har jeg fundet velbehag!«

På helligtrekongersdag skal der prædikes om dåben

Blandt den Herres Kristi fornemste fester er der også denne, som man på græsk kalder "Herrens åbenbarelse". Den er af de gamle fædre kaldet sådan og indsat af tre grunde:

1. Fordi Kristus ved en stjerne blev åbenbaret for vismændene i Østerland.

2. Fordi han gjorde det første tegn, da han forandrede vand til vin ved brylluppet i Kana, og åbenbarede sin herlighed for sine disciple, Joh 2.

3. Fordi han blev døbt af Johannes i Jordan, hvor den herlige åbenbarelse fra himlen foregik over ham, Matt 3.

Uden tvivl er det heller ikke uden årsag, at der fra først af i kristenheden blev forordnet en særlig tid på året til at prædike om det højværdige sakramente, den hellige dåb, for at den skal kendes godt og æres ret af de kristne, som *deres højeste skat* på jorden, hvori deres frelse og salighed ligger. Denne fest skulle derfor med rette have det fornemste navn "Om Kristi dåb", og denne prædiken om den hellige dåb skulle da have førsteprioritet.

Det er nødvendigt at prædike om dåben

Det er ikke alene ret og rimeligt, men også strengt nødvendigt, at man taler om dette hellige sakramente i kristenheden, og underviser folk grundigt om det, så de ikke nedvurderer deres kære dåb. Det er desværre hidtil sket, fordi man ikke har prædiket eller undervist om dåben, men fuldstændig har skubbet den til side og glemt den helt. I stedet har man disket op med vore egne gerninger og alle mulige munkeordner og sat dem i dåbens sted. Til sidst har man anset en munkedragt for meget mere værdifuld end dåben. Det var ikke sket, hvis man havde fremhævet den hellige dåb ret og undervist om den. Så havde man uden tvivl kunnet undgå alle mulige vranglærer.

Den skæbne Guds Ord og gerning altid har i verden

For at gøre skade har den lede Djævel forsøgt at fjerne den rette, rene lære fra prædikestolen og indføre sin løgn og forførelse i stedet. Desuden har Guds Ord og gerning altid den skæbne i verden, at hvad Gud taler og udretter, regner man ikke for noget, men hvad Djævelen taler og gør, agter og ophøjer man, som en kostelig ting. Dette overgår virkelig den kære Gud med alle hans ord og gerninger. Derfor er det nødvendigt, at man på det bedste priser og fremhæver hans ord og gerninger for de kristne, så de kan lære, at holde det højt og herligt, og ikke bedømme og måle det med verdens målestok.

For det er jo sandt, at de i det ydre synes helt ringe og foragtelige, da de ikke er kommet frem eller bliver fremhævet med stor pral og herlig pragt. Men hvis man lod det udsmykke med ren guld, perler og silke, eller man udstrøede sække fulde af guld og sølv, eller man udrettede det ved store, mægtige og lærde folk, så ville det også få ære og anseelse, så al verden ville strømme til, og synge og tale

4

derom. Men da man nu frembryder det så aldeles ringe og uden al pragt, alene ved et ringe menneskes mund og hånd, og med så almindelige tegn som vand, så bliver det foragtet og forkastet.

For verden vil og kan ikke regne det for noget, som ikke fremkommer, så det kan opspile øjne og mund på folk. Åh, hvad skulle det gavne, siger man, at man neddypper et lille barn i vand eller overøser det med en håndfuld vand. Hvad forskel er der på dette vand og så det, man vasker sig med? Det var noget andet, hvis en præst trådte frem med kostbare dråber eller salver, som kostede tusindvis af kroner. Eller hvis en berømt person udførte dåben med flot musik og udsmykning, ligesom når man indvier kirkerne. Men da sådan en udsmykning og popularitet ikke er til stede, og Gud på synlig vis ikke bidrager med mere end en håndfuld vand, så må han opleve, at det bliver foragtet af verden. Den vil kort og godt have øjne og ører fyldt eller ikke have med det at gøre.

Ifølge verdens mening sker der derfor også kun Gud ret; for hvad er det dog, siger de, at han anstiller sig så dårlig og ikke griber det anderledes an, hvis han vil have det agtet og æret højt som en guddommelig ting? Hvis han er så stor, mægtig, klog og vis, så skulle han også begynde det anderledes. Men han gør det netop også, for at han kan gøre verden til dåre i sin klogskab, da den vil mestre Guds i hans ord og gerninger, så den ikke kan lade noget deraf være ret og godt for ham. Derfor vil han også give den nok deraf, og ikke desto mindre *ved et sådan ringe og foragtet ord* udrette disse ting i sine kristne, som den aldrig kan forstå eller begribe. Gud gør så verden ret igen, da den på grund af den ringe anseelse foragter og hverken vil høre eller se det, at den da til straf for sin forhærdede ondskab selv berøver sig samme høje guddommelige gode ting, og bliver ført af Djævelen i alle slags vildfarelser, selv om det sker under stor skin af Guds navn.

Man må redde den hellige dåbs ære

Vi oplever nu, at det går det kære ord og sakramenterne ilde og er blevet forsikret om det ved den skade, vi har erfaret, der er sket i kristenheden. Dagligt må vi frygte for fare, især fordi gendøbernes skændige sværm bryder ind alle vegne. Herved vil Djævelen igen formørke og udslukke den rette lærdom, efter at den ved Guds nåde er bleven renset og lutret så den skinner og lyser lidt. Derfor skal vi så meget desto mere ære, prise og smykke vor kære dåb, så meget, vi nogensinde kan, og *desto flittigere blive ved med at prædike derom.* Derfor vil vi nu igen tale om den, så meget Gud giver nåde til, til sand undervisning for de enfoldige, så de ret kan kende, tydelig adskille og dømme alle slags vildfarelser, som opstår derimod. Vi vil da først tale om *dåben i sig selv,* efter sit væsen.

Første del - dåbens væsen

Der hører tre dele til dåben
Vi deler dåben i tre adskilte dele, som er:
1. Vandet
2. Ordet
3. Guds befaling eller forordning.
Man skal ikke kun se på vandet, som andet vand, men også på Ordet, som hedder Guds Ord, hos og med vandet, og for det tredje Guds vilje og magt, eller hans befaling og indstiftelse. Det er de stykker, som hører med til dåbens fuldkomne væsen og rette beskrivelse. De skal betragtes sammen og ikke deles eller afskilles fra hinanden, da de *til sammen danner en ret dåb.* For *til et sakramente* behøves for det første et ydre håndgribelig tegn eller ting, ved hvilket Gud handler synligt med os, så vi kan være vis på det. *Gud vil ikke virke i os uden ydre midler,* alene ved hemmelige indgivelser eller særlige himmelske åbenbaringer.

Men ydre handlinger og tegn gælder og udretter det heller ikke alene, hvis hans ord ikke kommer til, så tegnet bliver virksomt og vi forstår, hvad Gud virker i os ved et sådan tegn. Men til dem begge må også komme en guddommelig befaling, hvorved vi i sådan et tegn og ord kan være visse på hans vilje og gerning.

Gendøberne anser blot dåben for vand
Disse tre stykker må jeg derfor behandle hver for sig, for herimod indfinde sig tre slags lærere eller mestre, som alle fordrejer og lemlæster dåben. Først er det de grove køer og svin, som alene gør dåben til vand. De kan ikke sige andet end at vand er vand, og forbliver vand. De er ikke klogere end en ko eller en gris, hvad enten det så drejer sig om hedninger, muslimer, sværmerånder eller grove papister. De befinder sig på dyrenes plan, for en ko skal ikke vide

mere, end den ser, nemlig vand, og den, som ikke kender Guds Ord, kan heller ikke tale anderledes end en hest eller et muldyr som Skriften også kalder dem i Salme 32, 9.

Sådanne er nu vor skændige gendøber-sværm, Djævelens apostle, som strejfer omkring her og der i landet og prædiker mod os, udskælder os groft tillige med alle kristne af deres høje forstand, at vi er så store narre og mener at blive salige ved vand. Ja, de er visselig højlærde mestre og fine høje ånder, som lærer os sådan en ny og høj kunst, at vand er vand. Hvem kunne ellers have vidst eller tænkt det, hvis disse højlærde doktorer ikke var kommet? Man måtte da ellers spørge et barn på 7 år om det, eller gå i skole med æsler og køer et stykke tid, eller gå i bad med svinene. Dog er de sådanne bøfler og tåber, at de ikke kan andet end at skrige imod os, at vand er vand, og dernæst diske op med deres hjemmelavede åndelighed.

Jeg undrer mig over, hvorfor de ikke følger deres egen lærdom og helt afskaffer dåben, når de er så ivrige og foragter vanddåben så meget. De døber jo sig selv og andre igen, og dømmer dermed sig selv med deres handlinger. For hvis de ikke vil lade vores dåb gælde, hvor vi har Guds Ord og befaling, så må deres egen dåb, som de selv anser for ren og skær vand, jo gælde meget mindre.

Men det er den lede Djævels bedrageri (skønt det er en grov og slyngelagtig Djævel), som med sådant kogleri og skrig bedrager og narrer det arme folk: Ser I ikke, at vand er vand, hvad skulle vand, som en ko drikker, gavne sjælen og rense synden? Dermed er munden opspilet på nysgerrige mennesker, så de falder til i hobetal og siger: Det er visselig sandt, ak, hvor har Djævelen bedraget mig, at jeg ikke har set og bemærket det.

Det kalde de en dyrebar retskaffen lærdom og Åndens høje kunst, når de blot kan sige så meget: Vand er vand. Dog bliver de arme mennesker bedraget med den slags vrøvl, fordi de med så mange prægtige ord og stort skrig, som de kommer med, kan smykke den. Som om vi lærte, at vand i sin egenskab af vand, vasker og renser sjælen. Oh, siger de, tro det ikke, for der ser du, hvor de forfører dig, at du skal tro og forlade dig på ren og skær vand, som er en skabt ting.

Man river Guds Ord og befaling væk fra det ydre element

Men det hedder fordømte forrædere og skurke, som bevidst sønderriver dåben, og skiller og bortskærer *de to vigtigste bestanddele*, nemlig Guds Ord og befaling, og kun efterlader en tom skal. De vil ikke høre eller se, hvordan vi altid og allermest drive på de to nævnte stykker, som er hos og sammen med vandet. De råber kun op om det ene stykke, og udråber dette som en særlig kunst og ånd. Kære ven, så klog og lærd er jeg dog og, ja enhver klovn kunne, hvis det skulle være, uden al kunst, af egen forstand rive og skille det fra hinanden, som hører sammen og er ét væsen.

For hvem kunne ikke også på samme måde sige: Hvordan skulle Kristus kunne hjælpe fra synd, død og Djævelens magt? Siger du ikke selv, at han er et menneske, som et andet menneske? Hvorfor skulle jeg adlyde denne, som min far, fyrste og herre, og være ham underdanig, hvad er han andet, end jeg? Men den slags hedder ikke en kristens, eller et fromt menneskes kunst, men en fordømt skurks kunst, som bevidst river det fra hinanden, som hører med til hele personen, nemlig, at Kristus er både sand Gud og sandt menneske, og at ens far og mor eller fyrste ikke alene er almindelige personer som andre mennesker, men sådanne personer, som har et specielt embede ifølge Guds Ord og befaling. Derfor får de straks et andet væsen og navn, at de ikke blot hedder Hans eller Grete, men far og mor.

Sådan handler denne sværm også med dåbens sakramente, når de alene ser på vandet, som om der intet Guds Ord eller anordning var derhos. For at give et tydeligt eksempel, så bærer de sig ad som nogen, der får øje på kongen, der har sin nye frakke på, som de tilfældigvis har set blive renset og banket ren for fnug. Derfor begynder de nu også at slå på frakken og siger: Åh, hvad, det er jo blot en frakke. – Så skulle de nok se, at man hurtigt greb fat i dem og satte dem i fængsel på grund af foragt for kongen. Det ville ikke hjælpe dem at sige, at det ikke var kongen, de slog på, men blot frakken. De måtte da høre, at det ganske vist kun er en frakke, men det er kongens frakke, som han selv går i. Derfor er det ikke længere bare en frakke, men frakken og personen hører sammen, så det er en kongelig frakke, fordi den bliver båret og får værdi på grund af kongens person.

Ordet og vandet hører sammen i dåben

Dette må jeg beskrive så simpelt, så man kan se, hvad det er for tåbelige ånder, der på samme måde skiller Ordet fra vandet. Derfor anser de dåben for almindelig vand, og spotter og ødelægger den, så det er skrækkeligt at høre. Ja, de foregiver, at de gør Gud en stor tjeneste ved at spotte og skænde dåben. Men hvordan vil de bestå, når Gud engang vil sige til dem: Hvorfor har du skændet og spottet min kære dåb, og kaldt den et hundebad, når jeg selv har sagt, at man ikke skal regne det for almindelig vand, men for *mit vand*, altså *Guds vand*. Mit ord og befaling er jo sammen med og i vandet, for der står skrevet: "Gå hen og gør alle folkeslagene til mine disciple, idet I døber dem i Faderens og Sønnens og Helligåndens navn, og idet I lærer dem at holde alt det, som jeg har befalet jer. Og se, jeg er med jer alle dage indtil verdens ende." (Matt 28, 19-20). Her kan du se, hvilken person, vandet har iklædt sig, og som er hos og i det, nemlig Faderens og Sønnens og Helligåndens navn. Derfor er det den guddommelige majestæts vand. Det kan ikke længere kaldes almindelig vand, som koen drikker. For Gud giver helt bestemt ikke sit vand (hvori hans navn og majestæt er), for at koen skal drikke det eller grisene skal bade i det. De er ikke de skabninger eller væsner, som kan blive døbt og helliget.

Dette ved de udmærket, og dog skænder og spotter de dumdristig og bevidst. Derfor skal de også få en desto værre dom. Men vi skal vogte os for dem, og omhyggeligt lære, at vi ikke skal adskille og splitte vandet og Ordet i den hellige dåb, så vi anser det for ganske almindelig vand. For det ved vi udmærket godt, at hvis man adskiller det, så er vandet ingen dåb. Det er det virkelig heller ikke hos dem, hvis de ifølge deres lære anser det for almindelig vand og døber uden ord og befaling. Derimod siger vi, at det ikke længere skal eller kan kaldes almindelig vand, fordi det er forbundet med Guds Ord. Derfor kan man ikke længere sige, som de gør, at vand er vand. For det kaldes ikke en dåb, fordi det er vand, men fordi det har Guds Ord og befaling. Det er de to hovedstykker, der adskiller dette vand fra alt andet vand og gør det til en dåb eller et helligt sakramente, som vi skal høre mere om.

Dette er den første vildfarelse angående dette sakramente, af dem, som alene betragter det ene stykke, nemlig selve vandet, og skille det fornemste stykke derfra, så det hos dem blot er en tom skal.

Nogle glemmer befalingen

Desuden er der andre, som ikke er så mange, heller ikke alle er så grove, men de betragter ikke dåben ret, skønt de indrømmer så meget, at vand og ord hører sammen, ellers er det ikke en dåb. Ja, de citerer Augustin: "Ordet kommer til elementet, så det bliver et sakramenter." Altså vandet (som er elementet) og Ordet i forening danner et sakramente. De begår dog den fejl, at *de glemmer det tredje stykke, nemlig Guds befaling og ordning.*

Nogle mener, at der er nok, når ordene blot bliver udtalte, ligesom man læser velsignelse over en ting. De mener, at der ved en sådan tale eller i kraft af dette ord, sker noget særligt med dåben, så det bliver et sakramente. De er også simple lærere som papisterne, der stort set holder sig til denne opfattelse og ikke kan se længere.

Men andre, som er mere spidsfindige, tager også fejl i det tredje stykke, selv om de har de to andre med. De tilføjer noget andet end de andre. De kan godt se, at det ikke er nok, at man alene tager noget vand og taler et ord over det. Derfor siger de, at der hører endnu et stykke med, nemlig troen. Det begrunder de med Mark 16, 16: "Den, der tror og bliver døbt, skal frelses; men den, der ikke tror, skal dømmes." Desuden har de igen et citat fra Augustin (som står tæt på det andet citat): "Ikke fordi det bliver sagt, men fordi det bliver troet." Altså bliver sakramentet dannet af vand og ord, ikke fordi Ordet bliver talt, men fordi det bliver troet. Men det er ikke korrekt. *Fordi de misforstår dette citat,* mener de, at Ordet og vandet kun er et sakramente, hvis de, der modtager det, tror. De grunder således dåben på mennesker og ikke på Guds ordning. Som om Ordet sammen med vandet ikke skulle være kraftig nok til at skabe dåben, før vores tro kom til. *Guds Ord og gerning skulle således allerførst modtage sin magt og kraft fra os.*

Det er også en alvorlig og skadelig vildfarelse, selv om de i dette stykke er bedre, end de første, fordi de ikke bespotter dåben, som om den blot var vand. Det er en tankegang, der har været fremme før og som endnu er udbredt. *Det er også ud fra denne tankegang, at den udbredte diskussion om barnedåben har sit udspring.* Det er gendøberne, der har sat den i gang. Deres hovedargument, som de bruger til at bekræfte sig selv, er denne: Du blev døbt, da du var barn og ikke kunne tro, derfor er din dåb forgæves. Dette er egentlig så meget sagt: Hvis du ikke tror, så er Guds Ord og sakramenter intet, men tror du, så er de noget. Derfor modtager kun den, der har tro, den rette dåb, mens den, der ikke har tro, ikke modtager andet end vand og derfor ikke er ret døbt. Derfor må man døbe dem på ny, når de begynder at tro.

Kan en vantro eller en kætter give en virkelig dåb

Af samme vildfarelse er også de, som mener, at den dåb ikke er ret, som udføres af kættere eller vantro mennesker. Denne vildfarelse har også tidligere berømte personer været ude i som den hellige Cyprian. Der opstod en stor strid om dette emne, fordi kristenheden blev delt og der var mange kætterier. Mange var døbt af disse kættere, og derfor blev spørgsmålet så, om en sådan dåb var gyldig. Nogen (og deriblandt Cyprian) gik da så vidt, at de anså det for en uret dåb. Den, som var døbt af en ond, vantro tjener (og især en kætter), måtte døbes igen. Man henviste da til ordene fra Siraks Bog 34, 4: "Hvad kan blive rent af noget urent, og hvilken sandhed kan opnås fra løgnen?" Og ligeledes 3 Mos 15, 10: "Enhver, der rører ved en uren, er uren indtil aften." Deraf ville de slutte, at fordi den, som udførte dåben, selv var uren og uden troen, så kunne dåben heller ikke være ren, og den, der blev døbt, kunne heller ikke blive ren. Derfor var det ikke en ret dåb, selv om både vandet og Ordet var forenede, fordi der var noget galt med den person, der udførte dåben. Se, det er at gøre dåben til sin egen og grunde og bygge den på mennesker. Det har et fint og fromt skin, og har som sagt narret selv store teologer, og har fået flertallet med sig.

Guds befaling må ikke skilles fra dåben

Mod sådan vildfarelse skal man af Guds Ord lære at kende og bedømme dåben ret og fuldkommen. For alt sådant kommer af, at de ikke giver agt på det tredje stykke, som hører med til dåben (og egentlig burde kaldes det første stykke). Man skiller dåben fra Guds ordning og befaling, hvormed han har taget dåben helt i sine egne hænder. *Han lader hverken dig eller noget andet menneske bidrage med noget, der gør vandet til en dåb.* Jeg er ganske vist en, der døber dig og du er den, der bliver døbt, men derfor er det ikke min eller din dåb, men Kristi dåb. Kort sagt: Enhver kan give og modtage dåben, når den først er lavet og indstiftet, men det er kun ham, der kan lave og indstifte den.

For sådan lyder hans ord: "Gå hen og gør alle folkeslagene til mine disciple, idet I døber dem i Faderens og Sønnens og Helligåndens navn. Den, der tror og bliver døbt, skal frelses; men den, der ikke tror, skal dømmes." (Matt 28, 19 og Mark 16, 16). Det er ikke de ord, præsten siger i forbindelse med selve overøsningen med vand, men det er *befalingsord, der indstifter dåben.*

Det er ikke præsten eller en anden tjener, der udtaler disse ord, men ham, der har lavet dåben. Ham, der siger: Gå hen og døb! Det vil sige: Her har I min befaling og ordning. Det ønsker og befaler jeg, at I skal døbe i Faderens og Sønnens og Helligåndens navn. Og hvor Ordet og vandet forenes, er det en dåb, og den, der tror det, skal blive frelst derved. Der skal mere til end de to stykker, vandet og Ordet, ellers var det ikke nok, at bruge vand og udtale ordene: Jeg døber dig, osv. (selv hvis troen var til stede), hvis man ikke også havde en klar og tydelig befaling til at gøre det.

Guds Ord misbruges af papister og healere

Man må frem for alt være klar over, hvor dåben kommer fra eller hvordan den er en dåb, så man kan svare på spørgsmålet om, hvem der har befalet os at forene vandet og Ordet. Eller hvordan man er klar over, at dette er et helligt sakramente. Hvis det var nok med de to første stykker, så kunne enhver jo lave en dåb, hvis han ville, ja, så mange sakramenter, som det skulle være. Vi kunne selv vælge et eller andet, som Gud har skabt og så tale Guds Ord over det. *Nøjagtig som papisterne gør med deres vievand, lys, olie, urter og altre,* som de velsigner i Faderens, Sønnens og Helligåndens navn og læser salmer og bønner over. Her har man jo Guds Ord og Guds skabning forenet, så man med Augustin kan sige: Ordet kommer til elementet og frembringer et sakramente. Hvorfor gælder og virker det så ikke lige så meget som dåben? Hvorfor gør vi ikke også vievand og alterlys og alle munkekapper og nonnekapper til sakramenter? Ja, også alle slags magiske besværgelser og ritualer, som når healere og Djævelens hekse blæser koen i øret og også udtaler Guds og de helliges navne? Her er også både en skabning eller en ting og Guds Ord sammen. Hvorfor er det så ikke også et sakramente, hvis man siger, at Ordet og elementet til sammen danner et sakramente?

Svar: Ja, det er sandt, at de to stykker hører til, men det er endnu ikke nok til, at de alene kan udgøre et sakramente, men der hører endnu én ting med, så man har en hel treenighed, nemlig Guds bud og befaling. Når du kan sørge for, at den guddommelige majestæt i himlen siger: ”Dette har jeg sagt og befalet”, så gælder det om disse to stykker, at de kaldes et sakramente. Ellers måtte alt det som sagt kaldes et sakramente, som enhver fandt på. Ingen er jo så dum, at han ikke kan udtale Guds Ord over en skabt ting, som *healerne og heksene* gør, der stjæler mælken eller bytter børnene om i vuggen. De bruger jo ikke onde ord, men udelukkende smukke, hellige ord og navne og bruger desuden Guds skabninger. *Det virker fint, fordi Djævelen hjælper smukt til.* Han vil gerne udføre disse fjollerier i skjul af Guds navn og således bedrage folk, så de tror, at det er ren og skær guddommelige ting, fordi der bliver brugt så smukke ord.

Uden Guds befaling er ingen ting et sakramente

Men her må man spørge efter det tredje stykke, om Gud har befalet og forordnet, at du skal gribe fat i et træstykke eller et stykke stof eller noget andet og udtale Guds Ord over det, så koen kan give mælk, og om du skal velsigne palmetræer eller urter, for at udvirke, hvad du ønsker. Kan du bevise det, så vil vi holde det for en guddommelig anordning, men at du efter dit eget hoved vil foretage dig det og alligevel sige, at det jo er Guds gode skabning og Guds sande, hellige ord, som du bruger, det er ikke tilstrækkeligt. Der mangler Guds befaling og lydigheden mod ham. Det er dit eget påfund og en skændig ulydighed, ja, Djævelens værk og tjeneste.

Det var noget andet, hvis du kunne fremvise Guds bud eller befaling, og sige: Det har jeg ikke selv optænkt, eller udvalgt, eller begyndt efter mit eget hoved, men Gud har befalet mig, at tage denne ting og bruge disse ord. Ligesom vi her kan bevise med dåben, at han giver os befaling og befaler os at døbe, altså at nedsænke et menneske i vandet og udtale den treenige Guds navn over det. For en sådan vanddåb har hverken jeg eller noget andet menneske selv udvalgt, som healerne og de pavelige kvægvelsignere. Jeg har heller ikke selv opfundet ordene eller talt dem af egen fromhed, men *både vand og ord er klart og tydeligt nævnet for mig, ja indeholdt og forvaret i Guds befaling.*

Vi skal ikke selv vælge hverken genstanden eller ordene

For Gud vil ikke, at vi i nogen ting, hvor ubetydelig det end er, skal begynde noget af eget valg eller fromhed, eller hvad man vil kalde det. Han vil aldeles ikke handle med os uden sit ord og klare befaling, meget mindre vil han tolerere det i disse vigtige sakramenter, som egentlig er guddommelige gerninger, hvor vi ikke bidrager eller udretter noget. Derfor indeslutter han det helt i sin befaling, og for at vi kan være visse på det, forvarer han det så nøje, at han selv præcis nævner og klart udtrykker, hvilket tegn eller ting, vi skal bruge og foreskriver ceremonien eller måden, som ordene skal lyde på. Derfor skal man bruge netop disse tegn og ingen andre, og nøjagtig samme ord og ingen andre.

Når healerne bruger Guds skabning og hans ord, er det ikke i orden, fordi det tredje stykke ikke er der, at Gud selv har befalet, at bruge disse skabninger og ord til det. På samme måde gælder det også her, at det ikke er et sakramente eller en dåb uden eller uden for, ved siden af eller ud over en klar befaling. Hvis du for eksempel ville døbe et barn med vand og læse et Fadervor eller noget andet fra Skriften, så var det ikke en ret dåb. Det er ikke nok at hævde, at der både bliver brugt vand, som hører til en dåb og Guds Ord. Det tredje stykke mangler, nemlig at Gud ikke har befalet at bruge disse ord.

På samme måde hvis du ville bruge noget andet, end den bestemt og nævnte ting og brugte de rigtige ord (jeg døber dig i Faderens, Sønnens og Helligåndens navn), det er heller ikke at døbe, men at lege med sakramentet og spotte det. Du overtræder bevidst den anordning og befaling, som tydeligt nævner den ting, vi skal bruge. *Ligesom også med Kristi legemes og blods sakramente,* som ikke er et sakramente, hvis befalingen og indstiftelsen ikke overholdes. Hvis man for eksempel over brødet og vinen på altret ville læse De Ti Bud, Trosbekendelsen eller et andet Bibelord eller en salme. Eller hvis man på den anden side *brugte noget andet end brød og vin* som guld, sølv, kød, olie eller vand, så ville det ikke være Kristi legeme og blod. (også selv om man brugte Kristi rette indstiftelsesord). Selv om Guds Ord og Guds skabning er der, er det dog ikke et sakramente, for hans ordning og befaling mangler. I sin indstiftelse har han nævnt brød og vin og udtalt disse ord: "Tag det og spis det, det er mit legeme, osv. Drik dette, det er mit blod, osv." *Kort sagt: Vi skal ikke selv vælge eller bestemme hverken genstanden eller ordene,* eller overhovedet gøre eller undlade noget af egen drift, men hans ordning og befaling skal udpege både ordene og genstanden for dig. *Det skal du overholde uændret til punkt og prikke.*

Lær da at holde disse tre stykke sammen. Så har du alt, hvad dåben er i sig selv og efter dens væsen, så du kan give en ret og fyldestgørende definition på dåben, hvis nogen spørger dig. Du kan da svare: Dåben er vand og Guds Ord, begge dele givet og forordnet på Guds befaling. Han har befalet, at man skal bruge en ting, nemlig vandet, og udtale ordene i hans navn. Når begge dele sker på hans befaling, så hedder og er det også helt sikkert en ret dåb. Disse tre stykker skal altså altid være sammen og ingen af dem uden de andre. De hører sammen som en kæde, ja, som lemmer på hinanden.

Parallellen til nadveren

Det forholder sig på samme måde som med Kristi legemes og blods sakramente, hvor det hedder: "Vor Herre Jesus Kristus tog begge dele, både brødet og vinbægret, velsignede det og gav sine disciple det og sagde: Tag det og spis det. Og ligeledes: Drik alle heraf." Her er også et stykke, som hedder en skabt ting eller genstand, som man ser og rører ved, nemlig brød og vin. Dernæst er Ordet der også, som lyder: "Det er mit legeme, som gives for jer, det er mit blod, som udgydes for jer." Men disse to stykker skaber endnu ikke et sakramente, så også vi kan og skal spise og drikke Kristi legeme og blod. Der hører endnu et stykke med, som han også tydeligt tager med, når han siger: "Gør dette." Det vil sige: Jeg byder, befaler og bestemmer hermed, at I også skal gøre dette, nemlig tage brød og vin, og udtale disse mine ord og således spise og drikke mit legeme og blod. Dette stykke binder de to andre sammen og gør os sikre på, at vi har et ret sakramente.

Almengyldig regel

Ved sådan en undervisning og forståelse kan du nu selv fortsætte og blive en sådan mester, så du ret og sikker forstår at bedømme sagen. Desuden kan du svare let og korrekt og gendrive al slags falsk lære og vrøvl om dåben fra gendøbernes side. Det gælder de første spottere, som alene angriber det første stykke og med høje råb og smarte ord siger: Hvad skulle en håndfuld vand som en skabt ting gavne sjælen eller udslette synden? Ånden må gøre det. For tænk selv efter: Sjælen er da ingen legemlig ting, som man kan bade eller vaske med vand. Derfor kan du se, at man vil narre og forføre dig til at tro på noget skabt og ikke på Gud. De fremkommer så med en masse snak om at bade sjælen åndeligt. Med en sådan tale drager de almindelige mennesker med sig, så de tror, at det er rigtigt og ikke er til at overbevise. Men i grunden er det blot vrøvl og løgn, som de spotter og ødelægger vor kære dåb med. Bevidst og med overlæg river de det bedste stykke væk og ud af syne og vrøvler alene om selve vandet.

Derfor kan du med rette svare sådan: Du skændige løgneånd, du ved godt selv, at vi ikke lære sådan om dåben, som om den blot er vand, men du bruger kun et sådan skin til at bespotte det højværdige, hellig sakramente, og forfører dermed de arme sjæle. Vi har, gudskelov, så gode øjne og fornuft, ja så megen bevidsthed og fornemmelse, at vi ved, hvad vand er og også kan sige: Vand er vand (som er jeres højeste kunst). Men at du prædiker dette om dåben, at den ikke er andet end vand og river det fornemmeste stykke væk, nemlig Guds Ord og befaling, hvorved dette vand helliges og bliver et sakramente, det har Djævelen, din mester og løgnens far befalet dig. Dermed gør du som en skurk og en dumdristig forfalsker og bespotter af Guds majestæt, ord og gerninger. Du bedrager folk med falske ord, så man ikke ser andet end hvad en ko ser.

For det må både du og Djævelen nødes til at bekende, at Kristus selv har indsat denne dåb og givet sit ord og befaling, når han befaler os at døbe i Faderens, Sønnens og Helligåndens navn, og lover, at den, som bliver døbt og tror, skal blive salig. Dette må du ikke rive væk fra vore øjne, som om det ikke skulle gælde eller gøre nogen forskel, mens du fører os bort til drømmeland og fremfører dine egne åndelige drømme. For, Gud ske lov, ved og lærer vi også, *hvad Helligånden virker i os*, og det mere og bedre end dem. Men vi vil ikke tillade, at Helligånden bliver revet væk fra dåben og nadveren og i stedet vises hen i en tom krog, hvor man kan sidde og gabe efter Ånden og hemmelige åbenbarelser uden om Guds

Ord og ordning. *Vi véd nemlig, at Gud netop ved Ordet og sakramenterne, og ikke på nogen anden måde, vil virke i os.* Derfor skal man ikke spørge yderligere efter Ånden, når vi har dåbens sakramente. Vi hører af Kristi Ord og indstiftelse, at Helligåndens navn, samt Faderens og Sønnens, det vil sige, hele den guddommelige majestæts navn, er til stede. Fordi Guds navn og ord altså er deri, må man ikke kun holde det for almindelig vand, som ikke udretter mere end vand fra vandhanen, men det er sådan vand, hvorved vi renses fra vore synder. *Det er et bad, der genføder*, som Skriften kalder det (Tit 3, 5), hvor vi bliver født på ny til et evigt liv, som vi skal høre nærmere.

Manglende tro ophæver ikke Guds ordning

Det må være svar nok til dem, som kun anser dåben for et almindelig karbad og hverken giver agt på Guds Ord eller befaling. Samme svar kan man give dem, som nok priser dåben, men dog ikke betragter den rigtig ifølge det tredje stykke. *De grunder ikke dåben på Guds befaling og anordning, men på vor tro og værdighed,* som en anden menneskelig gerning. *Som om det ikke var nok, at Gud har anordnet og befalet det, men at det først må bekræftes ved os og ikke gælder, før vor tro kommer til.*

Mod dette syn svarer vi sådan: Det må være med vor tro, som det vil, den må komme eller blive borte, den hverken giver eller tager noget som helst fra dåben. Ja, selv om jeg aldrig mere troede, så er dåben dog alligevel ret og fuldkommen. For det kommer ikke an på min tro eller vantro, men på Guds anordning og indstiftelse. Ligesom hvis en skurkagtig person kom for at bedrage os, og anstillede sig som om han ville blive en kristen og ønskede at blive døbt, så præsten for vore øjne overøste ham med vand og sagde disse ord: Jeg døber dig i Guds og den Herres Jesu Kristi navn, osv. og på hans befaling, så var han rettelig og virkelig døbt, selv om han mente noget andet i sit hjertet og desuden senere bespottede og hånede det offentligt. Skulle Gud tage hensyn til din vantro, når han har anordnet og befalet det? Skulle hans anordning og befaling derfor ikke gælde, eller forhindres ved din vantro og misbrug? Det er tværtimod sådan, som Paulus siger i Rom 3, 4, at selv om hvert menneske er en løgner, så må Guds Ord og ordning forblive sandt og uforandret. Hvis du tror det og bruger det ret, er det godt for dig, hvis ikke, så bruger du det til din egen fordømmelse.

Troen gør ikke dåben gyldig, men bevirker, at vi får nytte af dåben

Man kan nemlig godt bruge dåben og andre af Guds sakramenter og ordninger, til skade og fordærv. *Én person kan således blive frelst og en anden fordømt ved den samme dåb.* Men det hører ikke med til *dåbens væsen,* men til dens *virkning og brug.* Det er noget helt andet, når man taler om, hvad dåben er i sig selv. Her hører ingen menneskelige gerninger med, men alene Guds skabning og ord, begge indsat af ham og indbefattet i hans befaling. For, som før sagt, så har Gud helt taget det i sin egen hånd, så intet menneske har noget at bestille eller bidrage med her. *Det hele skulle bero på ham, som på en sikker grund,* så det ikke kunne slå fejl eller snyde os, som mennesker kan fejle og snyde. *Når dette derfor er til stede, nemlig Guds befaling sammen med de to stykke, så er det virkelig et sandt, fuldstændigt sakramente, selv om det ikke bliver ret modtaget eller brugt, så det ikke kan udføre sin virkning og kraft.*

Sådan er det også med andre af Guds anordninger, også i fysiske ting, som at den kære sol dagligt står op og følger sin bane på himlen. Det er og bliver altid samme sol, som skinner og lyser, som den er skabt og har fået befaling om i Første Mosebog 1. Uforandret og uhindret skinner den, selv om nogen ikke ser eller oplever det, som

den, der er blind, eller den, der lukker vinduer og døre i, så solen
ikke kan skinne på ham eller varme ham. Ja, kort sagt, alle Guds
skabninger er og bliver i deres væsen og gerning, som de er bestemt
til, selv om de ikke virker og udretter det hos enhver. Sådan er de
hellige sakramenter også retskafne og fuldkomne efter deres væsen
og Guds frelsende gerning, hvis de ellers behandles og gives efter
Guds befaling. *Men at de ikke komme enhver til nytte, det er ikke
sakramenternes skyld, men deres, som ikke bruger dem ret, så de kan
erfare deres kraft.*

Dåbens herlighed – et Gudfyldt vand

Når vi nu har et så sikkert vidnesbyrd, så skal vi lære at rose og prise
det højværdige sakramente imod de ånder, som foragter og bespot-
ter det. For af det, som hidtil er sagt, kan enhver vel selv tænke, at
man ikke må anse vanddåben så ringe, som et menneskeligt på-
fund, men holde den højt og ære den som et helligt sakramente og
Guds majestæts særlige gerning. Dåben kan passende kaldes et hel-
ligt, himmelsk ja, *guddommeligt vand.* Alt dette siger jeg endnu
ikke om dåbens kraft og nytte, hvor store ting den virker og udret-
ter, som vi senere skal se på, men om dens naturlige væsen, som
den er i sig selv. Her siger jeg, at når du betragter, hvordan dette
vand er forbundet med Guds navn og ord, fordi han selv befaler at
sige sådan ved dåben: "Jeg døber dig i Faderens, Sønnens og Hel-
ligåndens navn (som vil han sige: Jeg Gud Fader, jeg Guds Søn, og
jeg Gud Helligånd, helliger dette vand) - så kan du ikke sige, at det
er helt almindeligt eller jordisk vand, eller som sværmerne kalde
det, et karbad og et hundebad, men du må sige, det er selve den
guddommelige majestæts vand. Og det er ikke os mennesker,
men *Guds selv, der - ved vor hånd - døber* og har lagt og blandet sit
navn i vandet, så det er helt sammenblandet med vandet og man
godt kunne kalde det *et Gudfyldt vand.*

Det er ligesom, når du griber fat om *et stykke jern, som er rød-glødende af varme*, da griber du ikke kun fat om et stykke almindelig jern, men om ild, der brænder. Selv om du ikke ser ilden, men alene jernet (som ikke gløder så klart i dagslys, som i mørke), så er det alligevel ikke kun jern, men *to ting*, jern og ild. Ja, ilden har fuldstændig gennemtrængt det hele, så man ikke mærker andet end varmen. På samme måde skal man også betragte dåben som indføjet i Guds navn og helt og aldeles gennemtrængt af dette, så det hele er blevet ét væsens og noget helt andet end al andet vand. *Det er ligesom med helsebringende urtemedicin,* som man laver til en syg. Selv om urterne bliver blandet i vand, så et vandet dog så gennemsyret af helsebringende urter og sukker, så man ikke længere kan smage vandet. Men her ved dåben er der tale om noget meget mere værdifuldt *vand, som er gennemsødet med Guds navn*, ja, helt og aldeles er guddommeligt, selv om man ikke kan se andet end vandet.

Guds Ånd og navn er forbundet med dåben

For man må ikke holde det for en ringe ting, hvor Guds navn er, da dette navn er det eneste, som renser og helliger alle ting, ja som tilvejebringer og udretter alle ting. *Kort sagt: Guds navn er intet andet, end den almægtige guddommelige kraft,* evige renhed, hellighed og liv, og hvor det bruges efter guddommelig befaling, kan det ikke være uden frugt og nytte, men må virke store og uudsigelige ting, og udrette det, som Gud vil. Derfor må han også i dåben frembringe rene, hellige, ja fuldstændig himmelske og guddommelige mennesker, som vi herefter videre skal se.

Da dette nu er sikkert og uimodsigeligt, må følgen også være, at dåben er en ret åndelig ting, ja, ikke er andet end ånd og fører Ånden med sig. Derfor er sværmeråndernes sladder uden hold, når de fører folk væk fra Ordet og fjendtligt råber op om, at Ånden må til, for ydre ting (som vand) kan ikke hjælpe sjælen. De kan dog aldrig selv med sikkerhed sige, hvad Ånd og åndelige ting er, eller hvordan og med hvad, man opnår det. I stedet viser de folk hen i en tom krog, hvor de selv kan drømme sig en ånd til. Men det hedder altså: Vil du lære mig, hvad ånd er, og hvor jeg kan finde den, så skal du ikke vise mig hen til drømmeland, men kig kun efter Guds Ord. Hvor du har det, behøver du ikke spørge mere eller søge videre, for *uden for dette ord finder du aldrig Ånden*, om du så søgte hele livet, ja drømte og tænkte dig til døde. Nej, du må søge Ånden her, hvor han selv har placeret sig i Ordet, da han indstiftede dåben i sit eget navn. Eller vil du påstå, at den guddommelige majestæts navn er andet, end ren og skær Ånd. Især da når Helligåndens navn eller person direkte er nævnt her. Derfor må Helligånden også virkelig være til stede i dåben. Og når Ånden er der, må vandet også være åndeligt, så *Helligånden virker i det og giver Ånden ved det* eller frembringer åndelige mennesker. Altså er dåben i sandhed *åndeligt vand*, både i sig selv eller i sit væsen og i sin virkning i dem, der *modtager dåben i tro*.

Se, når man betragter dåben sådan, og vil skildre den i overensstemmelse med dette, så fremstår der en så stor og herlig ting, at det ikke kan udsiges godt nok eller fattes, ja herligere end hele himlen og jorden. For den guddommelige majestæt er til stede og *udfører sin højeste gerning*, nemlig at han skænker os sig selv og føder os helt på ny og frelser os, som vi skal høre. Og det gør han alt sammen ved, at han sætter sit navn i dåben. Om det navn har han befalet, at man ikke skal misbruge det, men holde det højt og helligt over alle ting, fordi vi derved har Gud selv og alle ting, som hører til vor frelse og det evige liv, ja det udretter alle ting i himlen og på jorden. Derfor skal vi ikke foragte den kære dåb eller lade den bespotte, men ophøje og ære den højt, som vi bør ære Guds navn og majestæt, og ikke tåle at blinde, vildfarende ånder, som ikke ved, hvad ånd er, eller hvor Ånden er, alligevel skriger meget op om det, ja spotter den rette Ånd.

Svar på tiltale

Men spørger du: Hvorfor siger du disse rosende ting alene om vanddåben og ikke om nogen anden skabning? Du siger jo, at hvor Guds navn og ord er, dér er Ånden også, altså må følgen være, at hvor Guds navn og ord kommer til en skabning, må Ånden også være til stede. Enhver kan således frembringe og finde Ånden alle steder. Svar: Der mangler det tredje stykke, som jeg nævnte før, nemlig Guds befaling og anordning. Det er ikke nok, du selv udvælger dig en skabning, skønt al Guds skabning er god, og at du bruger Guds navn, men befalingen eller ord, som byder dig, at udtale Guds navn over denne skabning, hører med. Det giver dig altså ikke frihed til at bruge hans navn og skabning, som du selv vil, for han har befalet dig, at du ikke må misbruge hans navn. Hermed siger han, at man kan bruge dette navn uden og imod Ånden, det navn, der i sig selv er fuld af ånd og alt godt. Men det kaldes at misbruge hans navn, når man ikke bruger det, sådan som han byder og befaler, men uden nogen befaling bruger det og gør med det, hvad man selv udtænker. Ligesom healerne og magikerne, og de falske lærere og sværmere, misbruger dette navn til synd og skam, skønt det er det rette hellige navn, og netop selv samme sande Guds Ånds navn og ord, som er i dåben. Det må være nok talt om det første stykke, hvad dåben er i sig selv.

Anden del - dåbens nytte

Om dåbens hensigt og nytte

Selv om vi allerede har berørt det lidt, vil vi nu se på, hvorfor dåbens højværdige sakramente er indsat, og hvortil det tjener, eller hvad det skal udrette? Gud har nemlig forordnet og befalet, at række hans Ord og dåb, *for at mennesker skal frelses*, det vil sige forløst fra synd og dø og sat over i Guds rige og det evige liv. Sådan lyder teksten jo: "Den, der tror og bliver døbt, skal frelses; men den, der ikke tror, skal dømmes." Mark 16,16. Her har vi grunden til, at der er en dåb og hvad dens hensigt er, at den skal være et bad for sjælen, eller som Paulus siger "et bad, der genføder", hvorved vi fra dette syndige, kødelige væsen og fødsel bliver genfødt til et nyt åndeligt liv, hvor vi er retfærdige for Gud og arvinger til Himlen. Derfor skal man ikke anse det for et *uvirksomt* tegn eller en ligegyldig og unyttig dåb eller bad, som det var i den gamle pagt, hvor præsterne gik prydede med deres smykker af guld og silke og bragte deres ofre og havde mange slags renselser. *De var kun tegn*, og var dog store byrder, som ikke gavnede dem på anden måde end at præsterne deraf havde deres underhold, når de gjorde tjeneste i templet. For andre var det ikke andet end en pålagt tjeneste og byrde til tegn på, at de var Guds folk. Ligesom en husfader i sit hus pålægger tjeneren daglig at gøre det eller det, så han skal kende og holde ham for sin herre, og giver ham kost og løn derfor.

Men her er det en helt anden sag. For ved denne dåb bliver alle disse ydre renselser afskaffet, og ikke mere pålagt eller fordret af os, som en lov eller gerning, vi skal gøre. Den er kun anordnet til, at den skal *tjene og give os*, ikke noget legemligt og forgængeligt, men evig nåde, renhed eller hellighed og et evigt liv. Derfor kaldes dåben med rette for "det bad, der genføder" og det rette ungdommens bad, fordi den, som bader deri, bliver ung igen og født på ny. Ikke som tidligere af moders liv, som er den gamle fødsel, men fra synden til retfærdighed, fra skyld og fordømmelse til uskyldighed og nåde, fra døden til det evige liv.

Kristi dåb viser, hvorfra vores dåb har sin kraft

Men for at udfolde dette videre, så man kan se, hvorfra og hvorved dåben har sådan en kraft, og hvor højt og herligt den er æret af Gud selv, ja hvor meget han har anvendt derpå, så vil vi først anføre teksten og historien om vor Herres Kristi dåb. Den er beskrevet af alle evangelister, men mest udførligt hos Matthæus i kap. 3, 13-17. Den lyder sådan:

Da kommer Jesus fra Galilæa til Johannes ved Jordan for at blive døbt af ham. Men Johannes ville hindre ham i det og sagde: »Jeg trænger til at blive døbt af dig, og du kommer til mig?« Men Jesus svarede ham: »Lad det nu ske! For således bør vi opfylde al retfærdighed.« Så føjede han ham. Men da Jesus var døbt, steg han straks op fra vandet, og se, himlene åbnede sig over ham, og han så Guds ånd dale ned ligesom en due og komme over sig; og der lød en røst fra himlene: »Det er min elskede søn, i ham har jeg fundet velbehag!«

Den hellige treenighed åbenbarer sig

Det er den tekst, som lærer, ret at prise og agte dåben højt, og så herlig en åbenbarelse, hvis lige ikke tidligere er hørt eller set og ikke kan udsiges med ord. Denne tekst læser både sværmere, og alt hvad der er under pavens magt, og denne åbenbaring og dejlige billeder står tydeligt og klart for enhvers øjne. Alle, som kaldes kristne, burde være så kloge eller fromme, at de ikke løb så let hen over det, men lukkede øjnene lidt op og så, hvad der foregår og hvad det er for noget. Her åbenbarer Gud sig synligt fra Himlen og lader sig høre med legemlig røst. Hvor vidt og langt ville al verden ikke løbe, hvis vi ikke tidligere havde hørt det og erfarede, at der var et sted i verden, hvor en sådan herlig åbenbarelse skete? Men det må være sådan. Verden skal være blind, og ikke agte disse ting, skønt det kommer både for dens øjne og ører. Det skinner ikke så stort og prægtigt, som den gerne ville have det, men bliver fortalt uden alt pral med simple og almindelige ord. Imidlertid må verden til straf for sin foragt gabe og se på andre ting., som den selv har optænkt eller drømt. Men lad os dog åbne hjertet lidt, betragte denne åbenbarelse og agte den så højt, vi kan; for så stor og høj, som den er, kan vi dog aldrig fatte den helt.

Vor dåb bliver æret ved Kristi dåb, som skete for vor skyld

Vi ser her, hvordan den Herre Kristus selv ærer dåben, at han kommer fra Galilæa til Johannes Døberen ved Jordan, netop da han nu vil begynde at tiltræde sit embede, hvortil han var sendt, at han selv skulle drage omkring og prædike. Han ville ikke begynde, før han selv var døbt af Johannes. Nu var Johannes både med sin prædiken og dåb til stede alene derfor, at han skulle vise hen til den kommende Kristus og skulle ikke virke eller gælde videre, men overgive Kristus alle ting, når han selv kom. Han har altså ikke været mere, end Kristi tjener til at formane folk, at de skulle forbedre sig og tage imod den kommende Kristus, som den rette herre og frelser, der selv rettelig skulle døbe dem, de vil sige, rense dem fra synden og gøre dem retfærdige. Dog kommer Kristus, netop da han vil begynde at lære og Johannes embede skal ophøre, og vil først døbes af ham. Hvorfor gør han det? Eller hvortil behøver han hans dåb? Er han ikke den person, Johannes viser folk hen til? Så behøver han heller ikke dåben til, at han derved kan blive renset, ja den synes aldeles at være unødvendig for ham, fordi Johannes selv siger, at det er en dåb til omvendelse. Han er jo allerede ren og hellig, født uden al synd ved Helligånden af Jomfru Maria, ja han er idel hellighed i hele sit legeme og liv, og netop den, ved hvem enhver må blive helliget. Johannes burde derfor egentlig ophøre med sin dåb på denne mand, som han også vægrer sig ved at døbe. Han burde unddrage sig og træde ud af sit embede og dåb, og overgive det til Kristus.

Nu er det let at slutte, at *Kristus ikke gør dette for sin egen skyld, men for os.* For som sagt behøver han hverken dåben eller prædikeembedet for sin egen person, men har gjort alle ting, for at vi skulle blive hjulpet ved det. Derfor ærer han dette embede så højt, at han ikke alene anordner dåben og befaler, at den skal udføres (hvilket dog var nok), men han antager den endog selv af sin tjener, så han dermed kan bekræfte den og med sin gerning og eksempel lære, at agte den kære dåb højt og herligt berømme den.

Hermed viser han selv, at *dåben må være en frelsende, nådefuld ting*, da han ikke alene giver sit ord og embede dertil, men endog nedsænker sig selv deri, og med sit eget hellige legeme rører dette vand, ja helliger og *fylder det med velsignelse.* For se dog, hvad han er for en person! Gud Faders af evighed og jomfru Marias søn, både sand, almægtig Gud og Herre over alle skabte ting, og sandt menneske, som alene uden nogen synd er fuld af retfærdighed og hellighed, så han helliger alle ting ved sig selv.

Spotterne forsynder sig groft mod vanddåben

Hvem er da de, som tør foragte denne vanddåb, som om den ikke var bedre, end andet vand, som en ko drikker, når denne almægtige person med sit hellige legeme har rørt ved det? Ja, hvordan kan et menneske være så uforskammet, at han ikke skulle skamme sig i sit hjerte eller at han turde opløfte sine øjne, når han ser, at denne høje person, Kristus, dåben til ære og os til gode selv kommer til Johannes, og ønsker at døbes af ham. Han vil ikke optræde eller prædike udøbt, som han dog havde god ret og magt til. Og dog tør en syndig maddikesæk ikke alene foragte dåben, men endog skænde den med sådanne bespottelige ord: ”hundebad”, og ”badevand”, som er skrækkelige at høre for en kristen, så det må være forbandede folk i Helvedes afgrund, som vitterlig og ondsindet taler så bespottelig mod den hellige dåb. Gud må til straf for deres djævelske ondskab beskæmmer og forblinder dem, så de hverken har øjne eller øren, som kan se og høre, hvordan Kristus selv ærer og helliger dåben. Når den mand Jesus Kristus, Guds Søn ikke selv vil være udøbt og agter dåben så højt og vil have den æret af os, så skulle dog selv en enfoldig person kunne regne ud, at dette Kristi eksempel er nok til at ære dåben og gerne antage den, selv om den intet udrettede eller gav os noget (som dog er umulig) og det ikke var befalet os at døbe al verden.

Dåben æres ved hele den guddommelige majestæts åbenbarelse

Den hellige dåb bliver her endnu højere æret og prist, ved et stort og herlig tegn og underlig ting fra Himlen, ligesom det ikke var nok, at Kristus lod sig selv døbe af sin tjener Johannes. Så snart han træder op af vandet, åbner hele Himlen sig, så den guddommelige majestæt kommer synligt herned og åbenbarer sig. Skønt det ganske vist er enfoldig beskrevet, så er det dog visselig *det største tegn og den herligste åbenbarelse, som nogen tid er hørt eller set.* Her viser Gud sig selv, ikke som for fædrene, ved hemmelige åbenbarelser eller i fremmed skikkelse, som ved en engel, men personlig og i sin egen majestæt, åbenlyst over den ganske himmel, hvor der intet mørke er, eller skyer, men idel lys og klar glans. Ja, desuden ikke ved et blot syn eller et stumt tegn, men med levende røst og en herlig prædiken. Alle guddommens tre personer åbenbarer sig, hver for sig i tre slags skikkelser eller billeder, så majestæten ganske og aldeles har udøst sig og fremstillet sig nærværende ved Kristi dåb.

Herved er munden mægtig stoppet på de lede ånder, som foragter dåben. For hvor skulle eller kunne man prise den højere, end vi her ser, at den bliver æret og prist af den guddommelige majestæt med så overmåde herlig en åbenbarelse, at Himlen, som tidligere var lukket, åbner sig og bliver idel lys, ja idel dør og vindue. Hele treenigheden står ved dåben og helliger den med sin nærværelse, vidner og prædiker selv derover, som vi videre skal høre.

Nu er dette syn og åbenbarelse heller ikke sket for den Herres Kristi skyld, da han ikke for sin egen skyld antog dåben. For hvortil behøvede han det, at Faderen med Helligånden skulle åbenbare sig for ham og prædike om ham, fordi de altid personlig var i og med Kristus. *Det er alt sammen sket for vor skyld, som tror på ham, er døbt i hans navn og skal blive salige.* Det er vist de kristne til et evigt billede, hvori Gud selv åbenlyst har vist sig, ladet sig se og høre og holdet sig så nær til os, at han ikke kunne vise sig tættere på, og det i den alleryndigste og venligste skikkelse, ja ved den allertrøsteligste prædiken, som vi skal høre. Sammen med ham var visselig en utallig mængde af hele den himmelske hærskare, som alle har stået der for deres herre og skabere, dåben til ære. Alt sammen derfor, at vi skal lære, hvad han vil udrette ved dåben og hvad vi modtager deri.

Den guddommelige majestæts er i sandhed til stede ved dåben

Ligesom denne herlige pragt af den guddommelige majestæt da engang synlig er sket, så sker det endnu altid åndeligt og usynligt ved enhver, som døbes til Kristus. Det er blot ved denne åbenbarelse skildret som til et evigt forbillede, at den guddommelige majestæt altid selv vil være til stede ved dåben. For at vi skal være visse på det, har Kristus selv tydelig udtrykt det i dåbens indstiftelse, hvor han befaler at døbe i Faderens, Sønnens og Helligåndens navn. *Disse ord stemmer overens med dette syn, foreholder og viser troen der samme, som dette billede synligt viser os for øjnene, så vi ikke skal tvivle på, at hvor dåben er, dér er visselig Himlen åben og den ganske treenighed nærværende, som ved sig selv helliger og saliggør den, som bliver døbt.* Deraf kan du nu atter klart og vældigt bevise imod dåbens bespottere, at det ikke er blot og bart vand, som koen drikker, men sådan vand, som velsignes og helliges ved den guddommelig majestæt, og som er fuldstændig *Gud-gennemsyret.* Vi ser klart alle tre personer både nævnt i dåbens indstiftelse og *virkelig nærværende*, som denne historie viser. Og skønt, vi nu ikke mere ser Helligånden legemligt svæve over Kristus i en dues skikkelse og heller ikke hører Faderens røst, så forbliver dette billede alligevel altid i vore hjerter. Det sket dengang for vores skyld til et tegn og vidnesbyrd ved siden af Ordet, hvori vi netop hører og tror det samme, som Johannes Døber engang så. Dengang skete det synligt, nu sker det i Faderens og Sønnens og Helligåndens navn. Dengang viste han sig i synlig skikkelse, nu sker det i hans Ord og navn.

Dåbens kraftige virkning

Man må ikke lade et sådan billede være forgæves og uden kraft, som et menneskeligt billede eller gengivelse på papir eller i et spejl, hvor der er ikke er andet end en malet farve eller spejlbillede, der ikke indeholder eller formår noget. Her er det helt igennem noget levende, hvor den guddommelige majestæt selv afbilder og maler sig selv og således er *virkelig og personlig til stede*. Det er ikke kun et billede, men hans væsen selv, ja udelukkende *liv og kraft.* Han farer ikke herned blot for at vise et tomt syn, som et spøgelse på gøglernes måde, men han vil udfolde og vise sin kraft og gerning her. Og ikke sådan en gerning som han ellers i almindelighed virker og udretter med skabningen, som han skaber og opholder, eller noget, som udrettes ved dem. *Her er det den guddommelige majestæts egen, rette og højeste gerning, som angår vor genløsning og evige salighed.* Den tilhører egentlig enhver person i den guddommelige majestæt. Faderen er der med sit lys og sin majestæt, Sønnen *med sit blod*, Helligånden med sin ild. Derfor må man ikke anse dette vand eller denne dåb for et almindeligt vandbad eller *blot et symbol*. Hvor Gud selv forpligter sig til at være til stede, må han også være virksom og udrette store guddommelige ting. Hvorfor skulle han ellers vise sig synlig med sådan pragt og væsen? Men nu sker det alt sammen, fordi vi i dette billede skal lære at forstå, hvad Gud har i sinde, og hvad hans vilje og mening er med dåben. Det viser han også senere og forklarer med sin prædiken. Han vil nemlig her give os sin majestæt, lys, kraft, ja sig selv med alt, hvad han har og formår. Men hvad formår han? At fjerne vor synd, døden og al ulykke og derimod give os evig retfærdighed, liv og glæde. Ved hvilket middel gør han det? Ved sin kære Søns blod. *Det er de omkostninger, han må anvende på det, og hvorved dette er erhvervet til os.* Som Kristus siger: "Således elskede Gud verden, at han gav sin eneste søn." *Men for at vi ved troen kan finde og erfare dette, må Helligånden med sin ild oplyse og antænde os.*

Når nu alt dette sker ved dette hellige dåbssakramente, så bør man med rette ikke se på det som en ko gør, at det er vand og vådt, men *som helt og holdent Guds Søns blod og Helligåndens ild*, hvori Sønnen ved sit blod helliger, Helligånden ved sin ild bader og Faderen ved sit lys og glans levendegør. Alle tre er således personlige til stede og udretter en guddommelig gerning, ja alle *udøser deres kraft i dåben*. Hvem kan beskrive en sådan uudsigelig nåde og herlighed: At Gud således åbenbarer sig, at han vil være vores, og give os alle ting? Eller hvordan tør et menneske foragte dåben, når han ser og hører, at Gud selv anordner og indsætter den, ærer og priser den med sin nærværelse, ja selv døber med sin egen finger, hvor det sker og forrettes efter hans befaling og anordning (når ikke en vindmager eller sværmerånd kommer til) som han byder og siger: Gå ud og døb i mit navn, og se: I skal ikke agte det anderledes, end at jeg selv med Faderen og Helligånden døber. Hvordan kan man sige eller tænke herligere og større ting om dåben? Er dog himmel og jord ikke for ringe til at rumme dette?

Dåben bliver æret ved Faderens prædiken over Kristi dåb

Det allerstørste af det hele er imidlertid, at Gud Fader selv taler og holder en prædiken over Kristi dåb. Her skulle hele verden strømme til, for at høre den præst, som hedder Gud Fader, tale herned fra Himlen. Det ville vi jo gøre nu, hvis vi vidste et sted, selv ved verdens ende, hvor man kunne høre Gud tale. Hvor salige ville vi ikke prise dem, som oplevede dette? Og her sker det for øjnene af os og Gud viser os den nåde, at han ikke kun engang har talt, så det kun var dem, der hørte det den gang, der kunne rose sig af det. Nej, han lader det fortsat prædike for alle, som skal komme indtil den yderste dag. Vi kan dagligt høre det, hvis vi blot er så fromme, at vi åbner ørerne og hjertet og vil forstå det.

Lad os nu høre, hvordan Faderens prædiken lyder. Det må uden tvivl være en fortræffelig og dyrebar prædiken, som han selv holder fra Himlen:

Det er min elskede søn,
i ham har jeg fundet velbehag!

Det er en kort prædiken, men så rig og vid, at ingen på jorden kan begribe den helt, eller i evighed lære den. For heri indbefatter og fremviser den guddommelige majestæt al sin guddommelige visdom og forstand, ja udøser hele sin vilje og hjerte, så det skulle blive aldeles åbenbart, hvad han selv er og formår. Men det er uendelig og ubegribelig, og dog er alting hermed på det korteste indbefattet og samlet i denne ene person, som hedder Kristus. Han viser os alene derhen, og ved intet andet at prædike om, undtagen om denne Kristus, som her døbes. Hermed beskikker og indvier han ham til lærer og præst, ja til konge og herre over alle ting, ikke med duftende salve, men med den levende Helligånd, som synligt hviler på ham.

Gud Faders prædiken er ikke holdt for Kristi skyld, men for vores

Denne prædiken har vi hverken planer om eller er i stand til at udfolde. Dog vil vi komme med et par kommentarer. For det første skal man bemærke, at disse ord ikke er talt, fordi Kristus behøver det, ligesom hele åbenbarelsen ikke skete for hans skyld, ja han er ikke for sin egen skyld blevet menneske, men det er prædiket og skrevet for os. På samme måde er det alt sammen sket for vor skyld, at han blev undfanget, født, led og opstod.

Derfor skal vi ikke lade det gå forbi, som unyttig, slet og kold prædiken, og ikke lade dette herlige vidnesbyrd være forgæves. Det burde passende skrives med brændende bogstaver i vore hjerter, da den høje Majestæt selv prædiker det for os, og det er jo en skændig plage, at man lader sådanne ord ligge så kolde og døde, at man ikke regner dem eller forstår at bruge dem. Enhver tænker, at det er en gammel fortælling, som ikke angår os. Man læser og hører det ikke anderledes, end en historie om en militærkamp eller en berømt feltherre. *Men det er ikke at behandle Guds Ord ret, når det modtages så koldt og dødt, at man ikke bliver varmer eller forbedret af det. Derfor skal du høre og læse disse ord, som om Faderen talte dem fra Himlen ind i dit og mit hjerte i dette øjeblik.* Det er som om han siger: Nu skal alle ører og hjerter i hele verden vende sig herhen, for sådan prædiker jeg, nemlig ikke om andet end om denne Søn. Jeg vil heller ikke have andet prædiket og befalet, hørt eller antaget som mit Ord og prædiken. Alle øjne og ører skal fyldes hermed og være henvist til at hænge ved Sønnen. Hans ord vil smukt vise os, hvad nytte, vi har af dette.

Nu har vi to stykker deri, sådan som han også selv deler det. Det første hedder: "Denne er min elskelige søn". Det andet: "i ham har jeg fundet velbehag". Det ord: "min søn", må vi ikke lade os fordreje, som kætterne gør, som siger, at det er et ord, som tilkendegiver Guds nåde, og ikke Kristi natur eller sande guddom. For så klogt og skarpsindigt har de kunnet foregive det og slutte (som jøderne også gør): Gud i himmelen har dog ikke haft nogen hustru, derfor har han heller ikke nogen naturlig søn, hvorfor Kristus må kaldes Guds Søn af nåde alene og efter udvælgelse, ligesom en mand, der ingen børn har, kan antage en fremmed, som han kalder sin søn og gør til arving. En sådan person hedder da ikke en naturlig, eller født, men en antaget søn, og om han end lige så vel er en arving til alt hans gods, så er han det dog ikke af naturen, heller ikke af Faderens kød og blod, men alene efter hans vilje, hvorved han har udvalgt og antaget ham.

Kristus kaldes Guds Søn i helt bogstavelig forstand

Vi siger derimod således efter Skriften: at Kristus kaldes og er Guds Søn, ikke alene ifølge Guds vilje og nåde, sådan som vi alle kaldes antagne og udkårne børn, men han er en sand, naturlig søn ved sin sande, naturlige, guddommelige fødsel, af samme guddommelige væsen som Faderen. For sådan en måde at tale på, som her siger: "Denne er min søn", finder man ellers ikke i Skriften, når Gud taler om én alene, eller kalder ét enkelt menneske sin søn. Når Gud ellers siger det om andre mennesker, da forstås det om mange, at han mener en hel flok med ordet "min søn", som i Hos 11, 1: "Fra Egypten kaldte jeg min søn." Her er der tale om hele Israels folk. Ellers er der den forskel, at Gud endnu ikke har sagt sådan et ord til nogen særskilt person, hverken engel eller menneske. Som Hebr 1, 5 siger: "For til hvem af englene har Gud nogen sinde sagt: Du er min søn, jeg har født dig i dag." Sådan siger han også samme sted, at han har talt til David om Kristus alene: "Jeg vil være hans fader, og han skal være min søn." Det bruger David selv i salmerne om Kristus, og viser, at Herren har forstået det om hans rette naturlige søn, som når han siger i Sl 89, 28: "Jeg gør ham til den førstefødte, den øverste blandt jordens konger." Ligeledes i Sl 2, 7: "Herren sagde til mig: Du er min søn, jeg har født dig i dag." Dette siger han ikke til nogen anden person, end ikke til englene, som dog er de højeste skabninger, Gud har skabt, ja de kaldes også ellers Guds børn. Dog siger Hebræerbrevet, at han ikke æret dem med den titel, men alene denne person, Kristus, ærer han dermed. Derfor skal vi med disse ord gøre vor tro fast og sikker, og slutte, at denne søn er noget højere og andet, end alle skabninger både i himlen og på jorden. Gud giver ikke nogen anden dette navn, derfor må han virkelig være en ret naturlig søn, af samme natur, væsen og majestæt som Faderen, ligesom et menneskes søn kaldes en naturlig søn, fordi han er af samme natur eller samme kød og blod.

Så er dette først talt om denne person, at han her vidner og henvender det på den eneste Kristus, som blev døbt i Jordan, og udtager ham specielt frem for andre, ærer og priser ham over alle. skabninger, ja selv ved en speciel åbenbaring udråber hans navn. Heraf må man tydeligvis slutte, at han må være højere end alle engle. Derfor er han sandelig Gud, for over englene er intet uden Gud. Derfor skal vi også således agte og ære ham, som han ved denne prædiken bliver beskrevet og fremstillet, som sådan en person, der tillige er et sandt, naturlig menneske. Dog ikke kun et menneske, men også *en sand, naturlig og født Guds søn.*

Dette må vi med troen fatte og beholde, og lade de dårer fare, som støder imod det med deres fornuft, og klovner rundt med deres tanker. Det kunne jeg også sagtens gøre, hvis hjernespind og drømmerier talte med. Men hvordan skulle det kunne bestå mod sådanne klare og stærke ord, og hvordan bliver min samvittighed sikker på disse forklaringer og tolkninger? De fører mig ind i drømmeland eller præsenterer mig for andre ord, som de vender og drejer på samme måde. For eksempel citerer de højt og triumferende 5 Mos 6, 4: "Herren er én." Som om vi ikke også bekender det, eller at vi skulle have vanskeligheder med at sige det.

Men der er kun én Gud

For det ved jeg også udmærket godt og det er det, vi har sagt, at i forhold til skabningen er der ikke mere end én Gud. Men når man går uden for og ud over det skabte til Guds majestæt og ønsker besked om, hvordan hans væsen er, *så slår min forstand ikke til.* Jeg må da *høre, hvad han selv fortæller* om, hvad og hvordan, han er. Da hører jeg ham selv sige, at der er tre personer i én natur og ét guddommeligt væsen. Dét skal jeg holde mig til og ikke spille klog ved at indvende, at det ikke er til at forstå. Derfor er det ingen modsætning, at man kan komme med skriftsteder, der siger at der ikke er mere end én Gud. Dermed vil Moses og Skriften blot sige det, vi også siger, når vi taler om Guds væsen i forhold til det skabte. Her er ikke mere end én Gud og man skal ikke søge andre. Når jeg nu ved og tror dette, så må jeg også høre, hvad samme Gud selv fortæller om sit majestætiske væsen. Hvordan han forstår og forklarer, hvem han er. Så tager jeg ikke fejl eller går forkert. Når jeg nu hører af hans egen mund og vidnesbyrd fra himlen, at Kristus er hans virkelige søn og samme Gud, men dog en anden person, så skal jeg holde det for sandt. Men hvordan det kan gå til og kan passe, tilkommer det ikke mig at udforske, men alene at tro og tale, som jeg hører ham tale. Når Gud derfor her kalder Kristus for sin søn på en sådan måde, som han ikke kalder nogen anden skabning, så må han virkelig være sand Gud.

Kristi person

Altså bekender vi også denne artikel blandt vores trosartikler: Jeg tror på Kristus, Hans (Faderens) eneste søn, osv. Ordene "eneste søn" forstår vi sådan, at han er hans rette naturlige søn, født af hans natur. Han er vor Herre, som vi tilbeder og påkalder (som en Gud), født af Faderen i evighed, og i tiden eller efter den menneskelige natur, født af Jomfru Maria. Der er altså to naturer forenet sammen i én person, som hedder Kristus. Sådan tror og prædiker vi. Den, der ikke vil det, må lade være og spille klog og belære Gud om, hvordan han skal tale. Vi vil derimod lade Gud belære og undervise os og følge ham, *selv om det ikke rimer med vor forstand.*

Det er nu det første, at vi her lærer, hvem denne person er, nemlig Guds eneste søn, som hermed indsættes som herre af Ham (som hans rette, fødte arving) over himmel og jord og alle skabninger. Han bliver således af Faderen selv udråbt, kronet og fremstillet som konge, ikke med purpur eller guld, ikke på en guldtrone eller salvet med olie, som man gør med mennesker, men han pryder ham med en anden krone og salve, nemlig den guddommelige majestæts prædiken og røst, som lyder sådan: Denne er min elskede søn, herre over himmel og jord, konge over alle konger, og herre over alle herrer. Efter sin natur er han ganske vist også tidligere Gud og herre over alle skabninger, så han ikke for sin egen skyld behøvede sådan tale eller røst, men det bliver os hermed åbenbaret, forklaret og skildret, så vi også kan vide, hvad han skal regnes for, og det bliver prædiket for os, så vi således skal anse ham (som han her fremstår som menneske) som den person på hvem alle ting hviler, både himmel og jord, engle og mennesker, retfærdighed, liv, synd, død og helvede og alt, hvad man kan nævne, som ikke er Gud selv. Dette mennesker er sat over alt dette og det forkyndes for os, for at vi skal tro, at vi har en sådan herre og er døbt, fordi han vil være vor herre, regere os, beskytte og hjælpe os, så vi i ham skal have alle ting, og intet skal kunne skade eller overvinde os.

Men det lader sig ikke udsige med noget sprog, eller udsmykke med guld og ædelstene, for det er over alle måder højt, at kaldes Guds, naturlige søn og en herre over alle skabninger. En eneste engel er alene herligere og mægtigere, end hele verden med alt dens pragt og magt, men han er ubegribelig vidt og højt over alle engle, og hvad som kan tænkes blandt skabningerne, og dog bliver han her ganske *uddelt og givet os i disse ord*: Dette er min elskede søn. Men som jeg har sagt, så må det alt sammen *gribes med troen*. For efter sanserne er det helt urimelig, at disse ting siges om dette menneske, og så stor og forunderlig, som den herlighed er, at være Guds naturlige søn og arving, eller herre over alle ting, så meget, ja langt mere forunderlig er det, at alt dette bliver tilegnet denne person, som ligger der i jomfruens skød, og står her ved Jordan og lader sig døbe. Der er intet andet at se, end et fattig, elendig, nøgen menneske, så der ikke kan være noget ringere udseende, helt uden al skin af herlighed og magt. Og dog skal vi alene tro og kalde ham alle herrers herre, kejseres kejser, ja alle engles herre, han, som mægtig hersker både over verden, Djævelen, synd, død og alle ting. Hvem kunne se det på dette fattige menneske eller hvem turde sige og tro det om ham, hvis Gud ikke selv åbenbarede og sagde det fra Himlen.

Dette er det første stykke af denne guddommelige, himmelske prædiken.

Kristus som vor ypperstepræst

Det andet stykke lyder sådan: "I ham har jeg fundet velbehag!" (Matt 3, 17). Hermed indvier han ham også til præst og prædikant, ligesom Salme 110, 4 kalder ham en evig præst, som evigt står foran Gud for at forsone os og forsvare os. Vi er nemlig alle født i synd og dømt til døden *under Guds evige vrede*, lige fra det første til det sidste menneske. *Det har Djævelen forårsaget* og påført hele menneskeheden. Hvem kan nu forsone Gud igen og tage forbandelsen fra os? Der er endnu aldrig fremstået noget menneske, nogen profet eller helgen, som har vovet træde frem for Gud og har kunnet stille hans vrede. De har alle selv måttet dø for det samme. Ikke engang nogen engel har formået at *påtage sig denne vrede og gøre fyldest for den.*

Hvis vi skulle hjælpes, så vi kunne blive frelst, synden blive udslettet, døden udryddet, Djævelens rige ødelagt, Helvede slukket og Guds nåde skinne, blive kendt og prist, så måtte *Gud selv* begynde og sende og give os en midler, ved hvem vi kunne komme fra vreden til nåden, fra synd og død til liv og gudsfrygt. Det har ingen kunnet være eller gøre, undtagen hans egen søn. Derfor kom han selv til os og iførte sig vor natur, kød og blod. Hvis han skulle hjælpe os fra synden, måtte han dog selv fødes uden synd, så han som mægler mellem Gud og os var både sand Gud og sandt menneske. For at han kunne antages og tros som dette, har Faderen hermed selv åbenbaret dette fra Himlen og vidnet om ham: "Det er min elskede søn, i ham har jeg fundet velbehag!" Hermed vil han sige: Hvis I vil være fri fra vreden og fordømmelsen, og søge og finde nåde hos mig, så må I komme herhen og klynge jer til denne mand. Han skal være den eneste rette *præst og mægler.* Her, og ellers ingen andre steder, kan I finde *forsoning* og en nådig Gud.

Der har hidtil under Moseloven været mange slags gudstjenester, præster og ofringer, og mange slags gerninger og skikke, som er udført for at Gud skulle sige, at han havde behag i det. Men ingen har kunnet udrette det. Ingen har fået et sådan himmelsk vidnesbyrd, hvor Gud har sagt, at han havde behag i det og derfor ville være nådig og tilgive synden. Alene i denne person har jeg velbehag (siger Gud), så jeg på grund af ham vil være nådig og lade mig forsone. Fra ham må alt det strømme, som skal behage mig og som jeg skal godtage.

Hermed borttages og udelukkes alt, hvad vi kan udrette og foretage os, enten det er gudstjeneste, ofre og gerninger fra Moseloven eller udsprunget af egen fromhed, i den mening, at vi derved skulle opnå nåde hos Gud og blive salige. Alt, som skal behage Gud, er alene indesluttet i Sønnen, så intet ved siden af eller uden ham tæller med til at forsone Gud. Hvad Sønnen er, taler og udretter, eller hvad der er i ham og bliver talt eller gjort i ham, det kan man være sikker på, behager Gud hjerteligt. Intet andet hverken kan eller vil jeg have mit velbehag og lyst i. Her skal alles øjne, ører og hjerter vende sig hen. Her er alt. Al vrede og unåde skal være ophævet og borte og kun nåde og kærlighed skal være der i stedet for.

Se, således har Gud ved denne røst sat ham i den højeste ære, at han både er hans rette konge og præst, en arving og herre, der i sig selv mægtig hersker og regerer over alle ting, og desuden *har gjort Faderen nådig mod os.* Hermed viser Gud sit faderlige hjerte mod alle, som tror på Kristus, at de skal være visse på, at Gud ikke vil være deres fjende, men deres nådige og venlige far, der ikke mere vil eller kan vredes på os eller støde os fra sig (såfremt vi blive i Kristus). Selv om vi snubler og falder, men igen vender om og holder os til denne Søn, skal alle ting være fuldstændig tilgivet og glemt. Det hedder da: Det behager mig godt for min kære søns og præsts skyld, derfor er jeg forsonet og nådig. *Her har I mit hjertes inderste.*

Vi bliver på det stærkeste forsikret om Guds nåde

Gud indbefatter således selv med så korte, men fortræffelige og grundløse ord, intet, uden idel nåde og trøst, og åbner en stor himmel for os fuld af hjertelig barmhjertigheds og faderlig kærligheds lys og ild. Vi skal ikke mere frygte for ham, som for en vred dommer, som *Djævelen* skildrer ham for de bange og forskrækkede hjerter, og som *loven* truer de hårde, ubodfærdige hjerter. Han ønsker, at vi skal forvente os al kærlighed og godt af ham, med glade hjerter modtage det af ham, og ikke mere frygte for nogen af dem, som vil forskrække og bedrøve os.

Det er alene derfor, han selv har givet os denne åbenbaring, så vi skal være visse og forsikrede på, at han i Kristus, hans kære søn, udelukkende vil vise os nåde og faderlig kærlighed, og derved opholde os mod alt det, som vil rive os bort. *Hermed har han ophævet al vrede og skyld*, ja, alle herrers, kongers, fyrsters og engles magt og herredømme, al verdens visdom, hellighed og gudstjeneste, ja kort sagt, *alt, hvad der vil fordre noget af os.* Der er intet andet, der skal gælde end alene at holde sig til denne herre og ypperstepræst, som vil hjælpe os mod alle fjender og anfægtelser, skræk og plager. Han er en evig midler, ja, *en evig pant, som Faderen har givet os*, at han vil være vor nådige og venlige far. Kun må vi ikke søge det andre steder end i denne søn, som han viser os hen til. Det er det, som de gør, der ved loven eller deres egne udvalgte gerninger forsøger at forsone Gud og opnå syndernes forladelse.

For at vi desto stærkere og sikrere skal fatte Faderens nådige hjerte og vilje, har han vist os det, ikke alene i disse ord, men også i denne åbenbarelses ydre tegn og hændelser. For han åbenbarer sig ikke her, som tidligere, da han oprettede den gamle pagt og gav loven ved Moses på Sinaj bjerg. Da var hele himlen sort og mørk af tykke skyer, og intet andet kunne høres eller ses end torden og lyn, så bjerget røg og jorden rystede og der var idel skræk og angst. Her er kun lys og klarhed og glæde. Alting er idel himmel, og alle skabninger smiler til os, ja den guddommelige majestæt bøjer sig ned til os, så der ingen adskillelse er mere imellem Gud og os. Han viser sig synlig i den allervenligste og skønneste skikkelse: Sønnen stående i sin menneskelige natur i vandet sammen med sin tjener Johannes, som et andet uskyldigt menneske. Faderen med den yndige røst og prædiken, som taler om idel nåde og kærlighed. Helligånden bekræfter dette svævende over Kristus i den alleryndigste skikkelse af en uskyldig due. Det hele foregår uden surhed og vrede med et venligt hjerte. Kort sagt, alt hvad man her ser og hører, er udelukkende trøsterig og venlig kærlighed. Det er som om himlen dryppede med honning og sukker, ja udøste ren nåde, så det regnede med barmhjertighed, så vi ikke skal tænke andet om ham eller forvente os andet fra ham.

For hvilket hjerte kan optænke, eller hvilken tunge udsige, hvor sød en trøst der er i disse ord, når man *tror og føler* - som en kristen bør tro det - at dette siges til os af Gud: "Det er min elskede søn, i ham har jeg fundet velbehag!" Hermed siges der jo intet mindre til os end dette: *Her skænker jeg jer al min nåde, kærlighed og omsorg, som jeg har i mit hjerte og mine kræfter.* Og for at I ikke skal tvivle på det, giver jeg jer hermed, ikke Mose eller en profet eller en engel, ikke en skat af guld, sølv eller andre store jordiske eller himmelske gaver, men min egen elskede søn. Det vil sige, mit eget hjerte og *al nådes og alle goders rette, evige brønd og kilde,* som ingen engel eller skabning i himlen og på jorden kan udgrunde eller forstå. Han skal være tegnet og pantet på min nåde og kærlighed imod jeres synd og angst. Ligesom han af fødsel og rettelig er den eneste herre og arving over alle skabninger, således skal I også i ham være mine børn og arvinger, og have alt hvad han har og formår. Foruden det, at han skænker os den ret og arv, som han har af naturen, har han også *ved sin lidelse og død som vor ypperstepræst og biskop, fortjent og erhvervet os,* at vi skal være hans udvalgte børn og evige medarvinger til alle hans goder. Hvad mere skulle han nu gøre eller give os, eller hvad kunne et menneskes hjerte ønske højere eller udtænke bedre? Han gør det uden al vor fortjeneste og medvirken, inden noget menneske har bedt ham om det eller tænkt på det. Vi har således aldeles intet at rose os af. *Vi må lade det være ren nåde, som vi intet kan bidrage til, uden at vi kan takke og love ham for denne uudsigelige nåde. Det er også det eneste, han ønsker af os.*

De, som vil forsone Gud ved gerninger

Heraf kan du selv dømme, hvad de gør, som imod denne guddommelige prædiken og åbenbaring lærer og prædiker om egne menneskelige gerninger og fortjeneste, og fører andre til at ville forsone Gud dermed og erhverve nåden, som om de aldeles ikke behøvede denne herre Kristus dertil, og godt kunne behage Gud uden ham. Ja hvad fortjener vore papister, som ikke vil høre eller tåle denne prædiken om Kristus og dåben, men forfølger og myrder dem, som prædiker ret. De forkaster hårdnakket al nåde og kærlighed, som tilbydes og loves dem i Kristus, og vil aldeles ikke tåle den. Det var derfor rimeligt, at de da i stedet fik idel vrede og unåde, så de uden al barmhjertighed blev udryddede, ja måtte brænde evigt i Helvede. Man ser da også allerede, at sådan en vrede og straf er besluttet over dem, at de altid farer videre i deres forhærdede ondskab, gør det altid værre, så de skal omkomme des skrækkeligere. Men Gud bevare os, som har nåden, at vi må skønne på det, og hjælpe os, at vi også må fastholde det.

I disse ord er hele evangeliets indhold indbefattet

Det må nu være kort sagt om denne herlige tekst, hvori det nye testamentes rette begyndelse og *hele evangeliets indhold er indbefattet og givet os af Gud selv så kort, men dog fuldt og helt,* at intet menneske kan fatte eller forklare det. Derfor skal man ikke betragte det så koldt og smutte hen over det, som om det var menneskepåfund, for vi ser deri, hvor store og herlige ting der skrives og vises os om dåbens højværdige sakramente og, hvad vi skal regne det for. Dette vand er nemlig helliget ved Kristus, fordi han med sit eget legeme har rørt det og Himlen er blevet åbnet for os. *Hele den guddommelige majestæt er personlig til stede heri, og giver sig helt og aldeles til os.* Ja, den viser os idel nåde og velbehag fra Faderen i Kristus, som dåben tilhører. Den bevidner, at han vil velsigne og hjælpe os, og i stedet for synden give os guddommelig retfærdighed og for døden det evige liv. Fordi alt dette sker ved Kristi dåb, bliver der os dermed klart vist, at alt dette gives os i og ved dåben. Det er nemlig ikke fortalt for Kristi skyld, men for vores. Og det sker netop på det sted, hvor Johannes døber, hvor det ellers var øde, så man kan se, at han vil ære dåben og vise os, hvad han anser den for. Eller kunne han sagtens have ladet det foregå på et finere sted, som i templet i hovedstaden Jerusalem.

Dåbens kraft består i at den frelser os

Så ser du altså, hvad der er at sige om *dåbens kraft og nytte.* Det har Kristus, som allerede nævnt, sammenfattet og forklaret med *dette ene ord:* "Den, der tror og bliver døbt, skal blive *FRELST.*" Dermed giver han til kende, at hans vilje og bestemmelse er, at vi skal lade os døbe, ikke for at kroppen kan blive vasket, så vores hud bliver ren, eller at det blot skal være et virkningsløst kendetegn, som man kan kende os på ligesom med jødernes omskærelse, men først og fremmest for at vi skal blive *frelst.* Altså for at vi skal blive befriet fra synd, død, Helvede og alt ondt, og blive evig retfærdige, hellige, levende og Himlens arvinger. *Det ligger alt sammen i Ordet "frelse",* for skal vi frelses, må vi først renses fra synden og blive retfærdige fordi ingen kan frelses, som ikke først er retfærdig og hellig. På samme måde må vi også befries fra døden og eje livet. Desuden må vi sikres mod Helvede og fortabelsen, og al jammer, ulykke, sorg, frygt og angst må borttages og byttes ud med evig fred og glæde. *Alt dette skænker dåben os, som sagt.* Ikke fordi man bruger vand, men fordi *Guds navn og kraft er deri.* Og Gud har bestemt, at dåben skal være et himmelsk, guddommeligt vand, og vil *skænke os alt dette ved disse to midler,* vandet og Ordet. For Gud har kraft og styrke nok i sin lillefinger til, at han sagtens kunne udrette det ved en ringere ting end vand, hvis han havde villet og bestemt det.

Så har du nu begrundelsen for, hvorfor vi priser og ophøjer den kære dåb så højt over alle andre ting på jorden. For af al dette ser du klart, at vi ikke roser vor egen gerning, hvor stor og kostelig den end måtte være, men alene Guds gerning og kraft, som det er passende at rose og prise. Det kan de andre lærere og prædikanter ikke, hverken de nye sværmerånder eller de gamle papister, skønt de også har Skriftens herlige tekst og vidnesbyrd om dåben liggende lige for næsen. De farer forbi, som om det ikke var noget. De kan ikke andet end at fremholde deres egne påfund og drømme, mens de råber op om, at vi forbyder gode gerninger og ikke lever, som vi skal (efter deres hoved). Dermed mener de, at de har gjort tilstrækkeligt og overvundet os. Men lad dem blot bjæffe og udspy deres gift, for de er ikke værd, at de skulle kunne tale anderledes. Men var de så fromme, at de kunne eller ville tage hensyn til Skriften, så undlod de nok at angribe vores lære.

For hvad er det for noget, at de råber så meget op om gerninger? Hvad har vi her med gerninger at gøre, at vi skulle kunne befale eller forbyde dem? Hvorfor taler de ikke med Kristus om det, og befaler ham, at gøre det anderledes? Det er jo ikke os, der har udtænkt eller opfundet disse ord: "Den, der tror og bliver døbt, skal frelses." *Er disse ord lutherske eller papistiske? Jeg mener, de er Helligåndens og Kristi egne ord og står i samme Bibel, som både de og vi har.* Og det er korrekt, at vi her ikke taler og heller ikke skal tale om vore gerninger.

For sig mig lige, hvad der er i dåben, som vi kan rose som vort eget? Eller hvad har vi bidraget med? Jeg håber ikke, at nogen skulle være så grov og hovmodig, at han vil påstå, at dåben er hans eller noget andet menneskes? Det hedder jo ikke, at døbe i mit, dit eller nogen helliges navn, men i Faderens, Sønnens og Helligåndens navn. Her er mesteren, som kan og skal udrette det. Af ham skal man rose sig, hvis man vil tale om gerninger. Han gør de rette gerninger, som passende bør roses som guddommelige gerninger, nemlig at udslette synden, fordrive døden og udslukke Helvede. Det er andre gerninger, end de elendige ting, de har lært om, nemlig munkelivet og egne udvalgte gerninger, at faste, gå uden fodtøj og holde messe. Det har de ikke alene opfundet uden Guds Ord, men endog til den kære dåbs foragt og spot, ja til Guds navns og gerningers gruelige bespottelse. De sætter deres egne påfund på linje med dåben og roser dem lige så højt. Som deres lærere helt uforskammet skriver, så har det at gå i kloster og tilslutte sig en munkeorden samme værdi, som hvis man kom direkte fra døbefonten.

Papisterne fordunkler dåbens ære

Det er den lede Antikrists bespottelige prædiken og den rette hovedvederstyggelighed, hvormed han har opfyldt kristenheden, så han har ført folk væk fra dåben hen til vore egne gerninger. Ja han har med magt revet dem væk og sat gerningerne i Kristi og dåbens sted, så ingen har kunnet beholde dem, undtagen dem, som Gud har opholdt på forunderlig måde. Næppe er dåben overstået, før de har revet det hele væk igen med sådanne ord: Åh, du har for længst mistet dåben og besmittet din dåbskjole med synd. Nu må du angre det og gøre det godt igen ved at faste, bede, tage på pilgrimsrejse og afholde messe, indtil du får Gud forsonet igen og atter modtager nåde. Sådan bliver det hele ødelagt med et snuptag og alt, hvad vi har modtaget i dåben bliver gjort til intet. Dermed bliver det, som Peter har profeteret om desværre opfyldt, at de, der lige har gjort sig fri af verdens urenhed, igen lader sig besnære og overvinde på grund af papisternes lære. Det går dem, som soen, der atter vælter den sig i sølet, når den er vasket. (2 Pet 2, 20-22). Det skyldes pavens lære og hans teologers bøger og udtalelser, der alle har skændet og ødelagt Kristus og hans dåb, så ingen har kunnet glæde eller trøste sig ved dåben.

Jeg har selv varet munk i femten år, foruden det, jeg tidligere har levet, Jeg har flittigt læst alle deres bøger, og gjort alt, hvad jeg evnede. Alligevel har jeg ikke kunnet trøste mig ved dåben én eneste gang, men har altid tænkt: *Oh, hvornår vil du mon blive from og gøre fyldest, så du kan få en nådig Gud?* Det var *sådanne tanker, der drev mig i kloster,* hvor jeg pinte og plagede mig med faste, kulde og en streng livsførelse. Alligevel udrettede jeg ikke mere ved det, end at jeg mistede den kære dåb, ja hjalp til med at fornægte den. Det er den frugt og løn, vi kan takke deres gerningslære for, som de stadig forsvarer. De kan ikke andet end at råbe op om gerninger imod den prædiken om Kristus og hans dåb, som Gud selv har givet fra Himlen. De ophæver altså virkelig i praksis Kristi dåb og stifter en *gerningsdåb.* Ja, de gør os slet og ret til jøder og muhamedanere, som om vi aldrig var blevet døbt.

Formaning til at gøre forskel på Guds og vores gerning

For at vi ikke skal blive forført ved disse ting, så lad os beholde den lære ren, som vi her ser, nemlig at dåben ikke er vores værk eller gerning. *Vi må fastholde den store og afgørende forskel på Guds gerninger og vores.* Der er nogen ting, som den guddommelig majestæt gør, som er fælles for alle mennesker, som at han har skabt os med sjæl og legeme, og skænker os alt, hvad der er i himlen og på jorden. Disse gerninger er alle sammen gode og kostbare. Foruden disse gerninger gør han nogen mod dem, der bliver kristne og hans børn. Efter at vi ved synden er faldet og er blevet fordærvet, tager han os endnu engang i sine guddommelige hænder. Han giver os sit ord og dåben og renser os derved fra synden. Det er gerninger, der som sagt alene tilkommer den guddommelige majestæt. *Hertil medvirker og formår vi aldeles intet andet end at modtage det og få noget af ham.* Det er disse gerninger, man skal rose, hvis man vil tale om store, guddommelige gerninger. For det er Gud, der er den rigtige gerningsmester, der med sin lillefinger kan slette synden, dræbe døden, overvinde Djævelen og ødelægge Helvede.

Men bagefter, når vi har og kender dette Guds værk, vil vi også tale om gerninger, som vi kan og skal gøre. Nemlig at vi over for alle mennesker skal takke og love Gud for dette værk, så andre også kan erkende og modtage det. Vi skal desuden leve Gud til ære og næsten til nytte, hjælpe og tjene enhver med legeme, ejendele og hvad vi formår. Til dette formål lærer og roser vi vore gode gerninger, men ikke for at vi ved dem skal komme i Himlen. *Formålet med disse gerninger er nemlig ikke, at vi ved dem skal udslette synden, overvinde døden og opnå Himlen, men til næstens nytte og gavn.* På denne måde er begge slags gerninger fordelt rigtigt, så man adskiller dem så langt fra hinanden som himmel og jord. *Guds gerninger kommer ned ovenfra og skænker os udelukkende himmelske, evige goder. Vore gerninger bliver hernede og har alene at gøre med de ting, der tilhører dette liv på jorden.* Denne forskel, som er så rigtig og klar, kender de grove papister intet til. De snakker meget om gerninger, men ved hverken, hvad det er at lære eller forbyde gode gerninger. De blander alting sammen, så man ikke ved, hvad der er Guds gerninger eller vores. Ja, man lader helt Guds gerninger fordunkles og ligge, og opfinder menneskelige gerninger i stedet. Sådan fordrejer og fordærve man den rette lærdom alle vegne.

Tredje del – dåbens rette brug

At døbes i tro

Vi har nu set, både hvad dåben er og hvilken kraft og nytte, den har. Nu vil vi også se på dåbens brug eller på dem, der bliver døbt.

Her skiller vejen sig, så der opstår forskelle. For selv om alle bliver døbt med samme dåb, modtager de ikke alle dåbens kraft og nytte. Der er nemlig to slags mennesker, der bliver døbt. *Nogle modtager dåben i tro, andre uden tro.* I sig selv er dåben god nok og lige så hellig og guddommelig for den vantro som for den troende. Dog er der den afgørende forskel, at den vantro ingen gavn har af dåbens kraft og nytte. Men det er ikke dåbens skyld, men deres egen, da de ikke bruger den, som man skal. Karret er ikke skikket til at tage imod. Hjertet er tillukket, så dåbens kraft ikke kan komme ind og virke i det. De begærer det ikke og vil ikke lade det ske.

Det kender vi også fra naturen: Den kære sol varmer og lyser alle steder, men ikke alle ser det eller bliver varme. Og dog er den rette, kære sol med sin varme, glans og al energi hos den ene såvel som den anden. Hvorfor lever nogle så i mørke og kulde? Fordi de har lukket døre og vinduer, og ikke ønsker at se solen. Sådan er det også med de vantro hjerter. De er døbt med den rette dåb, der er et guddommeligt, himmelsk bad med alt, hvad Gud har lagt deri, men da de ikke vil tro og modtage det, så har de ingen gavn deraf. *Ikke på grund af manglende kraft eller ufuldkommenhed hos dåben,* men fordi de vender den ryggen og ikke åbner hjertet, så den kan komme ind og virke i dem.

Den, der derimod tror, at Gud i dåben har indstiftet et genfødelsens bad, i hvilket man bliver renset fra synden og bliver et Guds barn, han får det. Som man tror, får man. Her står hjertet åben, så dåben kan komme til med hele sin kraft. Den oplyser og varmer, og skaber af det gamle, døde menneske en ny, levende helgen.

Dåbens rette brug

Den forskel har Kristus vist med ordene: "Den, der tror og bliver døbt, skal blive frelst, men den, der er vantro, skal blive fordømt". Med disse ord har han angivet, både hvad dåben gavner og virker, og hvordan de skal være skikket, i hvem dåben udfører sit hverv. Eller hvad der hører til, for at man kan modtage dåben til nytte og gavn, nemlig troen.

Den rette dåb kan modtages forkert

Vi har ofte indprentet, hvordan man skal bruge dåben og at troen altid skal holde sig til den og øve sig på dette så længe, man lever. Nu er det nok, at vi lærer at skelne ret, så vi kan modstå sværmerne. *For én ting er at blive døbt med den rette dåb, noget andet at modtage dens kraft og nytte.* Man skal ikke ringeagte og forkaste dåben i sig selv, blot fordi den ikke straks bliver ret modtaget. Dette gør gendøberne, som påstår, at papisternes dåb ikke er gyldig, da den både gives og modtages uden tro. Derfor må de, der er døbt af dem, døbes igen. Denne vildfarelse har også mange haft tidligere i kirkens historie, som for eksempel Cyprian.

At vi strides med papisterne om dåb og nadver betyder ikke, at vi anser deres dåb og nadver for ugyldig eller uden kraft, når de forvaltes efter Guds indstiftelse. *Det er deres lære, vi straffer,* som er imod troen og dåbens rette brug. Derved gør de, at dåben intet udretter. Og *de, der er ret døbt, river de atter bort* og lader ingen beholde dåben ren, så vidt det står til dem. De hævder nemlig, at dåben ikke gavner længere, når dåbskjolen først er snavset til og uskylden er borte. De synder, man begår efter dåben, må derfor fjernes ved gerningsbod og fyldestgørelse. *De sætter altså vore egne gerninger i dåbens sted.* Derved indstifter de en ny dåb, ikke i vand, men i gerninger. Uforskammet sammenligner de munkevæsenet og klosterlivet med dåben.

Det er mod en sådan uforskammet og fordømt lære, vi prædiker og strider. Men alligevel fornægter vi ikke dåben, som vi har fået fra dem. Tværtimod bringer vi atter den kære dåb, som de i kirkens navn har modtaget af Kristus gennem apostlene, i sin rette brug, imod deres *gerningsdåb,* som de har tilføjet. Ligesom vi atter har bragt evangeliet og Skriften, som de ganske vist har modtaget ret, men fordunklet og forfalsket ved deres menneskelære, ud i lyset igen ren og klar. Denne sondring gør gendøberne ikke, så de skelner mellem dåben, som paven giver i Kristi navn og så den lære, som han har udtænkt imod dåben. Sammen med læren forkaster de også dåben som om den intet er eller gælder. Som om også dåben var et menneskepåfund ligesom deres lære. Dermed river de fuldstændig dåben væk.

I læren skal dåben og troen holdes skarpt adskilt

For at vi nu kan beholde dåben og den rette lære både over for papisterne og gendøberne, så lære og indprenter vi altid den skelnen mellem Guds værk og vor. Når vi taler om, hvad dåben er og dens nytte, så taler vi ikke om vore gerninger. For hvem vil påstå, at han har udtænkt og indstiftet dåben, eller kendt til den, hvis ikke Gud selv havde indstiftet den og befalet os at døbe? Langt mindre kunne vi give dåben dens kraft og nytte. Både dens væsen og kraft er helt og holdent Guds værk, hvortil vi intet bidrager. Hvor vi ser, der bliver handlet efter Guds Ord og befaling, skal vi overhovedet ikke betvivle, at den, der bliver døbt, modtager den rette dåb. Men når du er døbt, skal du se til, hvordan du tror og bruger dåben ret. *Kort sagt skal man skille disse to, dåb og tro, så langt fra hinanden som himmel og jord.*

Hvad Gud udretter og laver, er nemlig sådanne ting, der er faste, sikre, uforanderlige og evige som Gud selv. Derfor forbliver de også faste og uændrede, og bliver ikke anderledes, selv om nogen misbruger dem. Men hvad vi gør, er foranderlig og usikker, så man ikke kan stole og bygge på det. Derfor, for at dåben skal bestå og være sikker, har han ikke grundet den på vores tro, da den er usikker og kan være falsk, men på sit ord og ordning. Så er den gyldig og består, selv om troen ikke er til stede.

Ved hjælp af denne skelnen kan enhver selv bedømme og gendrive de vildfarelser, der kan opstå i forbindelse med dåben. Som når man siger, at dåben ikke gælder, når den er givet af en, der ikke tror. Det lyder jo fromt og har været en vidt udbredt mening, så endog den store biskop og martyr Cyprian blev fanget af den. Men det er at bygge dåben på mennesker, så den bliver usikker og unyttig. For hvis jeg skulle vente til jeg var helt sikker på, at den, der døbte mig, var ren, så blev hverken jeg eller nogen anden nogensinde døbt. Jeg måtte jo så også fjerne Fadervor, hvor vi beder: Forlad os vor skyld.

Guds ordninger afhænger ikke af vor værdighed

Derfor siger vi: I denne sag må vi for alt i verden ikke bygge på vor værdighed og rene hænder. Her har vi nemlig andre hænder end vore, nemlig Kristi hænder, der er helt rene og hellige, så de gør alt det helligt og rent, de rører. Det er ham, der indstifter og forvalter dåben. Alt, hvad der sker i dåben, er hans værk. Når nu han, hvis dåb det er og som selv døber, er hellig, hvorfor skulle det så bekymre mig, om jeg, du og alle mennesker er urene? *Ligesom den kære sol ikke bliver besmittet og uren, fordi den skinner på såvel møg som på guld.* Den skinner lige så klart på møgdyngen som på de hvide klæder. Det skader den ikke, om det, den rammer og oplyser, er urent. På samme måde med dåben. Selv om den bliver givet ved en uren tjener, så skader det hverken dåben eller mig, der bliver døbt. Dåben og dens embede tilhører nemlig ikke mennesker, men Kristus.

Ja, hvis Guds ordning og befaling kun gælder dér, hvor personen er ren og uden synd, så kunne ingen mere prædike Guds Ord eller lære, trøste og regere. Man ville aldrig finde én, der er helt ren og ikke har behov for at bede Fadervor. Så skulle børnene heller ikke adlyde deres forældre, da de ikke er rene og hellige. Så måtte man også afskaffe øvrigheden, da de fleste ikke er fromme. Det kunne blive et kønt virvar.

Cyprian er far til gendøberne

Du ser altså at dette er en forfærdelig vildfarelse som Gud på en særlig måde atter må have befriet Cyprian fra og renset ham ved Kristi blod. Dog blev kimen her lagt til mange skadelige ting. *Det er herfra gendåben fra først af har sit udspring.* Den, der nu igen tager overhånd, så land og folk føres i fordærv. Deres tomme bedrag bygger på denne påstand: I troede ikke, da I blev døbt. Eller selv om I troede, så var de, der døbte jer, dog urene og gudløse. Derfor må I atter lade jer døbe.

Den, der ikke vil forføres her, må lære at skelne ret, så han svarer: At jeg er døbt, er ikke mit værk, heller ikke hans, som døbte, for dåben tilhører ikke mig, eller præsten eller noget andet menneske, men Kristus, min Herre. Hverken min eller din renhed gør noget hertil, for hverken jeg eller noget menneske skal hellige og rense dåben. Tværtimod skal vi alle helliges og renses i dåben. *Derfor grunder jeg ikke dåben på min tro, men derimod bygger jeg min tro på dåben.*

Lad os blot forestille os, at den, der bliver døbt, ung eller gammel, slet ikke tror. *Det kan jo hænde, at en eller anden lader sig døbe i en falsk hensigt.* Man skal da ikke sige, at hans dåb intet er. Tværtimod må jeg sige, at *han har modtaget den rette dåb, selv om det er til skade og fordømmelse.* En vantro, der misbruger Guds navn, synder jo også mod den rigtige Gud. Og evangeliet er Guds Ord, selv om en skurk prædiker eller hører det. Sådan som også Kristi legemes og blods højværdige sakramente modtages af såvel forræderen Judas som af Sankt Peter. Gud bliver ikke en anden på grund af os, eller ændrer og svækker sit ord og værk på grund af vor tro eller vantro. Og det ved vi med sikkerhed, at vi hverken er eller kan blive rene. Hvis dåben beror på vor renhed og tro, ser det altså ilde ud. Djævelen ville da snart rive troen væk og ødelægge dåben, så ingen længere kunne være sikker og forlade sig på dåben.

Gendøbernes dåb er usikker

Desuden vil jeg gerne høre af gendøberne, hvordan de sikrer sig, at deres dåb er ret, når de forkaster vores og gendøber dem, som de mener, er uret døbt. Kan de give en sådan forsikring, skal jeg gerne lade mig døbe ikke blot én gang, men så tit, de ønsker. Hertil svarer de: Du ved ikke, om du troede, da du blev døbt, men nu døber jeg dig, fordi du tror og ved, hvad du gør.

Men hvor ved de fra, at den, der skal døbes, nu også virkelig tror? Jo, svarer de, du bekender troen og ønsker at blive døbt. Men det er jo at bygge på sand. For *hvordan ved du med sikkerhed, at han ikke bedrager dig med sin bekendelse?* Er det tilstrækkeligt, at han siger det med munden? Sådan kan enhver skurk vel sige og opføre sig som om han tror. Hvis du stoler på det, må jeg minde dig om, at Skriften lærer, at alle mennesker er løgnere og falske. Skriften forbyder os, at stole på mennesker. *Din gendåb bliver således uvis.* Ja, forbudt og fordømt, da den grunder sig på mennesker og sætter sin tillid til en skabning. Vi vil derimod ikke bygge på mennesker, men alene på Guds værk. Det er ikke alene sikkert, men forbliver og gælder også evigt, når det én gang er udført. Det skal man ikke ændre eller forny, som man gør med menneskers handlinger og værk.

I dåben oprettes en evig nådepagt

Det gælder også dåben, ved hvilken vi, når vi én gang har modtaget den, bliver optaget blandt deres tal, der skal frelses, og i hvilken Gud slutter en *evig nådepagt* med os. At vi ofte snubler og falder, dermed er dåben ikke spildt. Ligesom nåden forbliver og råder evigt, så vi altid kan vende tilbage, hvis vi falder, således forbliver dåben også altid. *Du kan ikke falde så langt og dybt, at du ikke atter kan og skal komme tilbage.* Og selv om du ikke tidligere har troet, skal du ikke lade dig døbe på ny. For dåben er som sagt et evigt bad, hvor vi er placeret og skal forbliver evigt, ellers er vi fordømt.

Du ser altså, at gendøberne er nogle blinde fjolser og forførere, der intet forstår af Guds Ord og værk. De synder dobbelt mod den hellige dåb. For det første ved at skænde og fordømme den rette dåb ved deres lære. For det andet ved at deres dåb ikke er sikker, og derfor i sandhed ingen dåb er, men blot en opdigtet idé. Nu er det slemt nok, at kritisere den rette dåb og dermed påfører sig selv en forfærdelig straf. De bekæmper Guds ordning, så de berøver både sig selv og andre dåben med al den nåde, der er givet deri.

Dåbens etiske konsekvenser for vort liv

Det må nu være nok om den hellige dåbs højværdige sakramente, så man kan opretholde den rene lære og forståelse imod Djævelens hjernespind. Det har lykkedes ham, at fjerne dåben helt, eller at berøve folk dens kraft og nytte. Men vi, der ved Guds nåde har læren og brugen af dåben ren og klar, har særskilt behov for en prædiken om *dåbens frugt og følge*. Her sporer man nemlig *stor mangel hos os.*

Jeg har tit sagt, at man skal gøre *forskel på de to ting, lære og liv.* Sekterne, både sværmerne og papisterne, falder fra læren og ødelægger enten dåbens rette væsen eller dens rette brug. Vi, der har evangeliet, priser og ære derimod dåben som Guds værk og ordning. Vi synder, Gud være lovet, ikke mod læren eller Guds Ord. Det lyder rent og klart fra prædikestolen og også i brugen, så vi døber og bliver døbt i overensstemmelse med dette. Men når det gælder at følge læren med livet, så er vi strafskyldige. Hvor læren og troen er ret, da skulle den frugt også følge, at vi levede dåben værdig og viste, at vi ikke havde modtaget den forgæves. For hvad nytter det, at du har en rigtig og klar opfattelse af Guds Ord og befalinger, når du ikke handler derefter? Selv om vi ganske vist ikke bekæmper dåben, så er vi ikke undskyldt, fordi vi ikke viser vores tro og lever derefter.

Synd i læren er værre end synd i livet

Dog er denne fejl i *livsførelsen* meget anderledes end denne synd mod *læren.* Mangler i livsførelsen er der råd mod og livet kan forbedres, men hvor læren er falsk, er der heller ingen hjælp at hente til livsførelsen, men begge dele er tabt og fordømt.

Det er her som med en borger i en by. Han kan begå to slags synder mod de offentlige myndigheder. Han kan være ulydig og overtræde en bestemmelse, så han bliver skyldig, men hvis han indrømmer det og tager sin straf, så er retten og lydigheden stadig opretholdt. Det er det, vi kalder lære og liv. En sådan lovovertræder og ulydig person anerkender dog stadig retten og lader loven gælde. Men hvis han gik videre og bekæmpede lovene og ikke ville anerkende retten, men tværtimod ødelagde den, det ville straks være noget helt andet. Så var han ikke blot en lovovertræder og ulydig person, men også en oprører og anarkist, der satte sig op mod myndighederne og omstyrtede retten og ville være sin egen lov. Her var det ikke nok med fængsel, men at jorden åbnede sig og slugte en sådan person, sådan som det skete med Kora, Datan og Abiram i 4 Mos 16.

Noget sådant kan det verdslige samfund ikke tolerere, at synden ikke vil være synd, men ret og ikke vil straffes, men tillades og roses. Sådan gør papisterne også nu, når de bevidst og med fuld overlæg forfølger det sande evangelium og vil forsvare deres ugudelige væsen med magt. Uforskammet lukker de munden på Gud og lærer, at det, Gud siger, ikke betyder noget, men det, som de selv siger og gør, det skal være ret. Guds Ord og befalinger gælder ikke, før de bifalder dem. Det er at støde Gud fra tronen og sætte sig op mod majestæten. Sådan gør gendøbernes sekter også mod dåben. De bekæmper åbenlyst Guds ordning og laver en anden i stedet. Her hjælper heller intet fængsel eller jordisk straf, men Djævelen selv og de evige flammer i Helvede.

Dåben forpligter livet

Må Gud bevare os mod sådanne synder, som han da også gør. I sådanne tilfælde kan der ikke være hverken nåde eller tilgivelse, fordi det netop bekæmper disse ting. Men når vi har den nåde, at læren er ret hos os, så må vi også se til, at vi indretter vort liv derefter og ikke misbruger nåden eller lader den være forgæves. Når vi er døde fra synden i dåben og er blevet nye mennesker, skal vi også for fremtiden leve et nyt liv som nyfødte mennesker, som Peter og Paulus formaner os til. *Det skal kunne mærkes på os, at vi har modtaget dåben til nytte og frelse.*

Ganske vist bliver dåben ikke forvaltet forkert hos os, men Djævelen, som altid lægger hindringer i vejen, bevirker dog, at den bliver uden frugt hos os. Selv om vi rigtig nok har fundet nåde og er blevet døbt uden vore egne gerninger og gode livsførelse, så skal vi dog herefter bestræbe os på at ære og pryde dåben med ord, gerninger og hele vort liv. Døbefont, alter og prædikestol står der netop for at minde os om, at vi skal huske på, at ære den kære døbefont og leve, så vi kan se på den med glæde, uden at den skal anklage os.

Mange opfører dig desværre som om de har i sinde at forblive som før i deres gamle hud. De lever, som de vil, og bruger kun den hellige dåb som et skalkeskjul. Som om de er kaldet til nådens rige, for at få lov til at leve, som de vil, og alligevel forlade sig på, at Gud er dem nådig. De undskylder sig sådan: Jeg er et svagt menneske. Gud må holde mig det til gode og tilgive. Nej, kære bror, den vej har jeg ikke anvist dig, at dåben skulle give frihed til at synde, men lige modsat. *Du er blevet renset for dine synder og har fået nåde, for at du skal føre et nyt liv og holde op med at synde.* Det rimer ikke, at være døbt og forblive i synden. Dåben er jo netop givet, for at borttage synden, så mennesket kunne blive from og vokse i gode gerninger. Hvor man før var ulydig, vred og utro, skal man da opgive dette, bede et Fadervor og så for fremtiden stræbe efter at være lydig, tålmodig og kysk. Hvis du ikke gør det, skal du ikke tro, det står ret til med dig. Da skal du ikke rose dig højt af Kristi nåde og undskylde dine synder dermed.

At falde i synd og at leve i synd

Det er noget andet, om du forbedrer dig så meget, at du ikke længere bliver vred eller misundelig som før, men i løbet af et år eller så, måske falde en eller to gange på grund af *svaghed eller uforsigtighed.* Det kan man holde dig til gode og atter hjælpe dig til rette. Men at du forbliver i dit gamle væsen og fortsætter med vrede, utålmodighed og misundelse, det viser, at du har modtaget den hellige dåb til stor skade.

Altså hvis du tidligere har været utro, havesyg og tyvagtig, så skal dåben lærer dig, at du ikke længere skal gøre disse ting. Det forrige liv skal være tilgivet og dødt, og for fremtiden skal du være et andet, fromt, retfærdigt, godgørende, kysk menneske. Lever du et sådan liv med disse frugter, så viser det, at dåbens kraft virker i dig. Sker det da, at du snubler og falder i et stykke eller to, så har du lov til at trøste dig med nåden og syndsforladelsen. Men altså ikke hvis du bliver ved og fortsætter dermed, idet du siger: Hvad kan jeg gøre? *Jeg kan ikke andet.* Og er det ikke ren nåde og forladelse? - *Den går ikke.* Dermed gør du Gud vred og kommer længere og længere bort fra nåden, så du til sidst mister den. Så havner du i den utilgivelige synd, at du fornægter og ringeagter den kære dåb og nåden, ligesom sværmerne.

Sand og falsk kristendom

Hold derfor selv dit liv frem for dig og se, hvordan det rimer med din dåb. Skønt du er kaldet og sat i nådens rige, hvor du på grund af Kristus har del i alt, hvad de kristne har, *så gavner det dig intet, hvis du altid forbliver som før.* Du kan ganske vist kaldes en kristen, men har dog mistet Kristus. Synden er din herre og du tjener Djævelen. *Du har ikke andet end navn og skin af kristendom, hvormed du bedrager dig selv og andre.* For Gud har ikke alene givet den kære dåb og nadver, for at tilgive dine synder. Han vil også dagligt udrense og helt fjerne, hvad der endnu er tilbage af synd, så der fremstår et helt andet menneske, der er egnet til og ivrig efter gode gerninger. *Hvor dåben er ret modtaget, sker det virkelig også at synden daglig aftager og bliver mindre.* Hvis ikke så viser det, at du nok har iklædt dig festdragten, men at der gemmer sig en skurk derunder, som besmitter og ødelægger den skønne dragt.

Hvis vi vil have den herlige nåde, hører det også med, at vi ære den og anser den for et ædelt, smukt klenodie. Denne ære og agtelse må vi vise med vort liv, sådan som Paulus lærer det i Tit 2, 10, at tjenestefolk og andre skal leve, så de kan være en pryd for Guds, vor frelsers, lære. Hvordan gør de det? Ved at de er lydige, ikke snyder i handler, er trofaste, osv. Det er den skønne krans, der pryder den kære dåb og gør den anbefalelsesværdig for andre. Det giver os det vidnesbyrd, at vi har modtaget dåben på nyttig måde og er rette kristne. Den, som derimod ikke fører et sådant liv i sin dagligdag, vanærer både læren og dåben og vidner mod sig selv, at han ikke var nåden værdig og ikke er andet end en møgplet og urenhed blandt de kristne, som Peter siger det i 2 Pet 2, 20.

Lad os derfor med alvor og energi stræbe efter, at vi også må blive fundet blandt dem, der ærer og smykker denne vore høje skat *i livsførelse og væremåde*, så vi kan rose os og ikke skamme os over den for Gud og alle mennesker. Det skulle nødigt gå os som de andre, som har mistet den kære dåb og hvor alt, hvad de har lært og levet er gået til grunde, ja, er faldet under fordømmelse. Det er blevet syv gange være med dem end før. Det er kun rimeligt, at de bliver straffet, når de har ladet denne skat fare og ikke har givet agt på at smykke den kære dåb med rette, gode gerninger. Derfor må de nu lade sig drive og plage med falske, gode gerninger, sådan som Djævelen bevirker det ved sine forførere. Sådan kan det også gå os, hvis vi ikke giver agt og passer på, så vi ikke mister Ordets og den frelsende dåbs dyrebare skat. Den, der har givet os det, kan også tage det bort igen, ligesom Djævelen altid er ivrig efter og pønser på at gøre det. Dette er nu sagt ganske kort til formaning for os. *Vi må nemlig prædike på begge måder*, så vi kan gendrive den falske lære og straffe synden, *så både læren og livet kan være ret.* Amen!

Luther-serien 2018
Forlag: Books on Demand GmbH, København, Danmark

1 Kristi nadverord står fast

2 Kirkepostillen, bind 1

3 Kirkepostillen, bind 2

4 Kirkepostillen, bind 3

5 Salme 51

6 Opstandelsen

7 De Lutherske Bekendelsesskrifter

8 Vejledning for menighederne

9 Huspostillen

10 Bjergprædikenen

11 Luther-Lex-Citater

12 Teologiens Grundbegreber

13 Første Mosebog bind 1

14 Første Mosebog bind 2

15 Første Mosebog bind 3

16 Første Mosebog bind 4

17 Dåb og Tro